2024

MSA · eBBR

Original-Prüfungen und Training

Berlin · Brandenburg

Deutsch

LÖSUNGEN

STARK

Inhalt

Abschlussprüfung 2023

Sobald die Original-Prüfungsaufgaben 2023 freigegeben sind, können die dazugehörigen Lösungen als PDF auf der Plattform MyStark heruntergeladen werden (Zugangscode vgl. Umschlaginnenseite).

Autorinnen:

Marion von der Kammer (Lösungen Training Grundwissen),
Redaktion (Lösungen Original-Prüfungsaufgaben 2020),
Heike Graffenberger (Lösungen Original-Prüfungsaufgaben 2021, 2022)

Vorwort

Liebe Schülerin, lieber Schüler,

dies ist das Lösungsbuch zum Band „**Original-Prüfungen und Training MSA/eBBR 2024 – Deutsch – Berlin/Brandenburg**" im A4-Format (Bestellnummer D11140). Es enthält ausführliche und kommentierte Lösungen zu allen Übungen im Trainingsteil sowie zu den Original-Prüfungsaufgaben der Jahre 2020 bis 2022. Die Lösungen zu den Prüfungsaufgaben 2023 findest du online auf der Plattform *MyStark*.

Die Lösungen ermöglichen es dir, deine Leistung einzuschätzen. Es handelt sich um **Lösungsvorschläge**, die dir zeigen, wie man die Aufgaben richtig und umfassend beantworten kann. Das heißt, dass – außer bei den geschlossenen Aufgaben – auch andere Lösungen als die hier abgedruckten möglich sind. Die Lösungen zu den Schreibaufgaben sind manchmal recht ausführlich und geben dir Anregungen, was du alles schreiben könntest. Das heißt nicht, dass deine Antworten auch immer so lang sein müssen. Wichtig ist, dass du die Hinweise beachtest, die in der Aufgabenstellung genannt sind, und alles **vollständig** und **richtig** bearbeitest.

Außerdem gilt: Versuche stets, die Aufgabe zunächst **selbstständig** zu lösen, und sieh nicht gleich in der Lösung nach. Solltest du nicht weiterkommen, helfen dir die grau markierten ✐ **Hinweise und Tipps**, die du in der Regel im Anschluss an die Lösungen findest. Wenn du sie gelesen hast, solltest du unbedingt selbstständig weiterarbeiten. Vergleiche erst ganz am Schluss die hier angebotene Lösung mit deinen eigenen Ergebnissen und korrigiere oder ergänze diese gegebenenfalls. Lies zu allen Aufgaben, die du nicht richtig lösen konntest oder bei denen du dir unsicher warst, noch einmal die allgemeinen Erläuterungen in dem entsprechenden Kapitel im A4-Trainingsband.

Sollten nach Erscheinen dieses Bandes vom LISUM Berlin-Brandenburg noch wichtige Änderungen für die Abschlussprüfung 2024 bekannt gegeben werden, findest du **aktuelle Informationen** dazu ebenfalls bei *MyStark*.

Viel Erfolg bei der Abschlussprüfung!

Lesekompetenz

Ü 1: „Ruhelos im Großraumbüro" – Den Leseprozess steuern

1. **Textsorte:** Sachtext (oder: Bericht)
    Thema: Studie zu Geräuschen/Lärm in Großraumbüros
    Absicht des Verfassers: informieren

2. **Schlüsselwörter:** Großraumbüro, Störungen, Geräusche, Lärm, Gespräche
    Kernaussage: Lärmschutzmaßnahmen erhöhen für die Angestellten die Belästigung durch Geräusche, weil sie dadurch die Gespräche zwischen Kollegen deutlicher wahrnehmen.
    Anzahl der Sinnabschnitte: 3
    Unterthemen:
    Abschnitt 1 (Z. 1–5): Vorabinformation über die wesentlichen Textinhalte
    Abschnitt 2 (Z. 6–18): Ergebnisse einer Studie zur Belästigung von Büroangestellten durch Geräusche
    Abschnitt 3 (Z. 19–28): Anordnungen von Büroräumen und deren Beliebtheit/Akzeptanz
    Allgemeine Aussagen:
    „In modernen Großraumbüros ist Lärmschutz angesagt." (Z. 1 f.)
    „70 Prozent aller befragten Büroangestellten sind ‚oft bis immer' durch Geräusche und Gespräche abgelenkt." (Z. 6–8)
    „Am wenigsten geschätzt werden trendige ‚Multi-Space-Büros' mit einer Aufteilung in Zonen [...]." (Z. 19–21)
    „Beliebt ist [...] das klassische Kombi-Büro [...]." (Z. 25 f.)
    Beispiele:
    „Dabei wird eine Unterhaltung von Kollegen störender empfunden als mechanischer Lärm." (Z. 10–12)
    „Besonders gravierend ist die Situation in modernen Großraumbüros." (Z. 12–14)
    „Stimmen treten noch deutlicher hervor." (Z. 18)

3. **mechanischer Lärm:** Lärm durch Maschinen oder Geräte
    Multi-Space-Büro: ein Büro mit verschiedenen Funktionszonen
    Nomadisieren: unstetes Hin- und Herlaufen
    Kombi-Büro: Büro mit abgetrennten Räumen für verschiedene Funktionen
    Kommunikationszone: Zone, in der Kollegen Gespräche führen können

Ü 2: „O Sohle mio!" – Geschlossene Aufgaben lösen

1. a) Aussage b): Durch meine Schuhe hebe ich mich von der Masse meiner
        Mitmenschen ab.

    ✦ **Hinweis:** *Es heißt, der Schuh sei jahrzehntelang „Symbol von Rebellion und Ausdruck von Individualität" (Z. 23 f.) gewesen. Rebellion liegt vor, wenn man sich gegen etwas auflehnt, das allgemein üblich ist; Individualität liegt vor, wenn ein Mensch seine ganz besonderen Eigenheiten pflegt und sich dadurch von der Masse abhebt.*

    b) Aussage b): In erster Linie will der Verfasser den Leser über ein Mode-
        phänomen informieren.

    ✦ **Hinweis:** *Der Text ist zwar auch unterhaltsam geschrieben, doch die Unterhaltungs-funktion ist nachrangig. Vor allem will der Verfasser den Leser informieren.*

2.

		richtig	falsch
a)	Früher trugen vor allem Außenseiter Chucks.	✗	☐
b)	Heute werden Chucks von vielen Menschen getragen.	✗	☐
c)	Chucks werden besonders von Sportlern bevorzugt, die ihre Knöchel schonen wollen.	☐	✗
d)	Wer Chucks trägt, kommt leicht mit anderen ins Gespräch.	☐	✗
e)	Ältere Leute, die Chucks tragen, wirken dadurch oft jünger.	✗	☐

    ✦ **Hinweis:** *a) Z. 118–120; b) Z. 52–59; c) Zwar war das Schonen der Knöchel in den 20er-Jahren ein Gedanke, um die Chucks zu verbessern. Der Text sagt aber aus, dass man sie heute aus modischen Gründen trägt. d) Dass das Tragen von Chucks Einfluss auf das Verhalten des Trägers hat, wird im Text nicht gesagt. e) Z. 43–47.*

3. a) Marquis Converse
    ✦ **Hinweis:** *Z. 71 f.*

    b) 1908
    ✦ **Hinweis:** *Z. 71*

4.

Aussage	Nummer
a) Eine Musikband machte die Chucks von Neuem populär.	6
b) Der Basketballspieler Charles „Chuck" Taylor setzte bei der Herstellerfirma Verbesserungsvorschläge durch.	2
c) In Filmen wurden Chucks von Außenseitern und rebellischen Helden getragen.	5
d) Die amerikanische Basketballmannschaft gewann in Chucks erstmalig olympisches Gold.	3
e) Rock'n'Roll-Sänger trugen Chucks auf der Bühne.	4
f) Chucks sind heute Schuhe für jedermann.	7
g) Marquis Converse gründete die „Converse Rubber Shoe Company" in Massachusetts.	1

Hinweis: a) Z. 32 f., b) Z. 75–81, c) Z. 118–120, d) Z. 83–86, e) Z. 89–94, f) Z. 27 f., g) Z. 71–73

5.

Aussage	Buchstabe
a) Sie trug Chucks einmal zu einem Hosenanzug.	I
b) Er trägt Chucks immer freitags.	E
c) Sie trugen Chucks in der Farbe Schwarz.	H
d) Sie haben das aktuelle Comeback der Chucks eingeleitet.	D
e) Er trug Chucks in einem Film.	F
f) Sie dekorierten ihre Chucks mit dem Peace-Zeichen.	A
g) Sie wirken durch Chucks direkt noch etwas jungenhaft.	C
h) Sie tragen Chucks aus Gründen des Understatements.	B

Hinweis: a) Z. 66–69, b) Z. 1–6, c) Z. 106–108, d) Z. 32 f., e) Z. 59–61, f) Z. 103 f., g) Z. 43–45, h) Z. 38–41

Ü 3: „O Sohle mio!" – Halboffene Aufgaben lösen

1. a) Es geht um das Image der Chucks: Ursprünglich wollten die Träger von Chucks auf diese Weise ihre Individualität unterstreichen und ein Zeichen gegen den Mainstream setzen; inzwischen sind Chucks aber zum Massen- und Modeartikel für jedermann geworden.

   Hinweis: Z. 22–28

b) Harry Potter ist als Kinoheld in den Augen der Zuschauer ein beliebter Star. Dass er Chucks trägt, passt nicht zum Rebellen-Image der Schuhe.

c) Chucks sind nicht mehr Ausdruck einer rebellischen Haltung, sondern ein Modeartikel, bei dem es auch auf die passende Farbe ankommt.

2. a) Zum ersten richtigen Erfolg der Chucks kam es dadurch, dass ein berühmter Basketballspieler Verbesserungsvorschläge für die Gestaltung der Schuhe machte. Als in der Folge die amerikanische Basketballmannschaft olympisches Gold erlangte, war das der Durchbruch für die Chucks. Anschließend wurden sie auch von berühmten Musikern auf der Bühne getragen, z. B. von Elvis Presley.

b) Mit dem Tragen von Chucks brachte man früher Individualität oder eine rebellische Haltung zum Ausdruck. Die Firma Converse möchte erreichen, dass dieses ursprüngliche Image nicht ganz verloren geht. Deshalb hat die Firma eine Werbekampagne veranlasst, die dafür sorgen soll, dass der Ruf der Schuhe erhalten bleibt. Geworben wird mit Bildern von Helden, die früher als Außenseiter und Rebellen galten.

3. Im Text heißt es: „Doch Sport allein hätte diesen Schuhen nie einen so unglaublichen Siegeszug ermöglicht. Der Rock'n'Roll, er war es." (Z. 87–89). Deshalb ist die Aussage, dass der Erfolg der Chucks ausschließlich auf ihrer Beliebtheit bei Sportlern beruhe, falsch. Der Sport trug zwar maßgeblich zur Bekanntheit dieser Schuhe bei, aber eben nicht ausschließlich.

4. Die Grafik zeigt, wie es zu dem heutigen „Dilemma" um die Chucks gekommen ist: Früher wurden sie nur von Außenseitern und Rebellen getragen. So erhielten sie das Image als Schuhe für Menschen, die ganz besonders sind, eben Individuen. Im Laufe der Zeit trugen aber immer mehr Menschen diese Sportschuhe, sodass sich heute die Frage stellt: Was sagt es aus, dass die Chucks zum „Massenkult" geworden sind? Ist das ein Zeichen der Demokratisierung – oder ein Zeichen für den Verlust des Rebellen-Images?

Ü 4: Die Absicht des Verfassers erkennen

	Absicht des Verfassers
Text A	appellierender Text
Text B	kommentierender Text
Text C	instruierender Text
Text D	informierender Text

✎ **Hinweis:** *Text A ist ein Werbetext eines Autoherstellers mit dem Ziel, die Kunden zum Kauf zu veranlassen. Text B kommentiert eine mögliche staatliche Förderung von Elektroautos, gibt also die Meinung der Verfasserin zu diesem Thema wieder. In Text C erhält der Leser Ratschläge für kraftstoffsparendes Fahren, und Text D berichtet sachlich über die Ergebnisse eines Vergleichstests zu Elektrofahrzeugen.*

Ü 5: Artikel über Susi Kentikian – Arten von Sachtexten unterscheiden

Text A

Textsorte: Reportage

Merkmale: Anschauliche Darstellung, Einstieg über eine „Nahaufnahme", davon ausgehend allgemeine Informationen und Hintergrundwissen zum Thema; fast durchgängig Tempus Präsens

Textbelege: „Als Susi Kentikian das Zwei-Zimmer-Apartment betritt, macht sie einen Schritt in ihre eigene Vergangenheit." (Z. 1–3);

„Damals sterben 50 000 Menschen, mehr als eine Million werden zu Flüchtlingen." (Z. 44–48);

„Sie ist zu Besuch bei [...]" (Z. 9 f.), „[...], rät die 27-Jährige [...]" (Z. 18 f.) „In Deutschland darf er nicht mehr als putzen gehen." (Z. 52–54)

✎ **Hinweis:** *Beleg 1: „Nahaufnahme", Beleg 2: Hintergrundinformationen über die Situation 1992, Belege 3–5: Zeitform Präsens*

Text B

Textsorte: Interview

Merkmale: Wortwörtliche Wiedergabe eines Frage-Antwort-Gesprächs zwischen Journalist und prominenter Person; Äußerungen der interviewten Person wirken spontan und echt; Umgangssprache

Textbelege: „Wenn ich solche Leute sehe, kriege ich gleich einen Abtörner." (Z. 3), „Oder einen Cheeseburger bei McDonald's." (Z. 21)

✎ **Hinweis:** *Dialog in Umgangssprache*

Text C

Textsorte: Bericht

Merkmale: Information über aktuelles Ereignis; sachliche Darstellung, nennt Fakten, Beantwortung der W-Fragen; Aufbau: vom Wichtigen zum weniger Wichtigen; Darstellung im Präteritum

Textbelege: „Boxweltmeisterin Susi Kentikian hat einen weiteren WM-Gürtel gewonnen." (Z. 1 f.);

„Die 28 Jahre alte Hamburgerin bezwang in ihrer Heimatstadt die mexikanische Herausforderin Susana Cruz Perez einstimmig nach Punkten [...]." (Z. 2–6);

„Zu den Zuschauern in der Halle gehörte die frühere Boxweltmeisterin Regina Halmich." (Z. 29–31)

✦ **Hinweis:** *Erst wird gesagt, was passiert ist, wer daran beteiligt war und wo es geschehen ist (Textbelege 1 und 2); erst danach wird auf Einzelheiten und später auf weiterführende Informationen eingegangen (Textbeleg 3).*

Text D

Textsorte: Kommentar/Rezension

Merkmale: Meinungsäußerung des Verfassers zu einem Ereignis/Sachverhalt, hier: zur Veröffentlichung der Autobiografie von Susi Kentikian; zunächst Bezugnahme auf Ereignis, dann Begründung/Argumente, persönliches Urteil; überwiegend im Präsens

Textbelege: „[...] beim Lesen des Titels der Autobiografie [...] von ‚Killer-Queen' Susi Kentikian [...]" (Z. 2–5);

„mit klischeebeladenen Trainerzitaten" (Z. 7 f.), „Dennoch lohnt es sich diesem Werk etwas Aufmerksamkeit zu schenken." (Z. 12–14)

✦ **Hinweis:** *Bezugnahme auf das erschienene Buch (Beleg 1), begründete Beurteilung (Belege 2 und 3)*

Ü 6: „Shell Jugendstudie" – Nichtlineare Texte lesen: Tabellen

1. a) Von Interesse war die Frage, wie Jugendliche ihre Freizeit verbringen.
   b) in Prozent
   c) aus einer Umfrage für die Shell-Jugendstudie
   d) Jugendliche im Alter zwischen 12 und 25 Jahren
   e) 2015
   f) das Meinungsforschungsinstitut TNS Infratest

2.

		richtig	falsch
a)	Jugendliche lesen in ihrer Freizeit keine Bücher mehr.	☐	✗
b)	Je älter die Befragten sind, desto häufiger engagieren sie sich in einem Projekt oder Verein.	✗	☐
c)	Jungen interessieren sich mehr für Computerspiele als Mädchen.	✗	☐
d)	Mit zunehmendem Alter nimmt das Interesse an Sport ab.	☐	✗
e)	Jungen und Mädchen verbringen ihre Freizeit gleich gerne mit der Familie.	☐	✗

Hinweis: Nur dann, wenn in einer Zeile *alle* Zahlen eine Aussage bestätigen, darfst du sie als richtig ankreuzen. Es genügt eine einzige unpassende Zahl, um einen Satz als falsch zu beurteilen.

3. d) Computerspiele spielen

Hinweis: Um die Aufgabe zu lösen, siehst du dir bei den genannten Freizeitbeschäftigungen die Anzahl der Nennungen bei Jungen und Mädchen an und berechnest die Differenz. Die größte ist hier gesucht.

4.

In dieser Altersgruppe …	Buchstabe
a) ist das Surfen im Netz genauso beliebt wie Treffen mit Freunden.	A
b) wird am meisten aktiv Sport getrieben, z. B. im Verein.	B
c) ist die häufigste Freizeitbeschäftigung, sich mit Freunden zu treffen.	C, D
d) ziehen die Jugendlichen Videos und DVDs Computerspielen vor.	C
e) gehen nur wenige Jugendliche in Discos und auf Partys.	A
f) werden am meisten Zeitschriften oder Magazine gelesen.	D

Hinweis: Bei **Satz 2** darfst du die Angaben von „Training/Aktiv Sport treiben" und „Sport in der Freizeit" nicht verwechseln. Bei **Satz 3** darfst du die Spalten nicht miteinander vergleichen, sondern du musst für jede Spalte jeweils den höchsten Wert ermitteln.

Ü 7: „Shell Jugendstudie" – Nichtlineare Texte lesen: Diagramme

1.

Personengruppe	Symbol
a) Aussiedlerfamilien aus Russland	+
b) homosexuelle Paare	+
c) türkische Familien	+
d) alte Rentnerehepaare	+
e) deutsche Familien mit vielen Kindern	+
f) Familien aus Afrika	−

✏ **Hinweis:** Achtung: In der Umfrage wurde nicht untersucht, was die Jugendlichen gut finden, sondern, was sie ablehnen („Jugendliche, die es **nicht** gut fänden […]"). Vergleiche die Länge der roten und rosa Balken: Überall dort, wo der rote Balken kürzer ist als der rosafarbene, hat die Toleranz gegenüber diesem Personenkreis zugenommen; wo der rosa Balken länger ist, ist die Ablehnung gestiegen.

2. b) Der Anteil derer, die Zuwanderung mit mehr Ablehnung begegnen, ist seit dem Jahr 2015 um mehr als 15 Prozent gestiegen.

✏ **Hinweis:** Vergleiche die Länge der Säulen. Bei der ersten ist eine deutliche Zunahme erkennbar, d. h., dass der Anteil der Jugendlichen, die weniger Zuwanderer aufnehmen möchten, seit 2015 gestiegen ist.

3.

	richtig	falsch
a) Sowohl im Westen als auch im Osten Deutschlands hat die Zustimmung zur Demokratie zugenommen.	☒	☐
b) Die Zufriedenheit mit der Demokratie ist im Westen stärker gestiegen als im Osten.	☐	☒
c) Der Anteil der Jugendlichen, die mit der Demokratie unzufrieden sind, ist im Osten stärker gesunken als im Westen.	☒	☐
d) Der Anteil derer, die mit der Demokratie zufrieden sind, ist im Westen um elf Prozent gestiegen.	☒	☐
e) Im Osten ist die Zustimmung zur Demokratie um fast 20 Prozent gestiegen.	☒	☐
f) Der Anteil derer, die zu diesem Thema keine Angaben gemacht haben, ist im Westen etwas größer als im Osten.	☐	☒

Hinweis: Um die letzte Aussage beurteilen zu können, musst du von der Gesamtsumme der jeweiligen Befragten (im Osten und im Westen jeweils 100 %) alle diejenigen abziehen, die Angaben gemacht haben – also sowohl die, die zugestimmt haben, als auch die, die Ablehnung geäußert haben.

4. Das Interesse der Jugendlichen an Politik ist bis zum Jahr 2015 kontinuierlich gestiegen. In diesem Jahr interessierten sich 47 Prozent der Jugendlichen dafür. Im Jahr 2002 waren es nur 34 Prozent. Besonders deutlich gestiegen ist das Interesse für Politik zwischen 2010 und 2015. Der Anstieg betrug hier sieben Prozent. Dagegen kam es zwischen 2006 und 2010 praktisch zu einem Stillstand, denn in dieser Zeit stieg der Anteil derer, die sich für Politik interessieren, nur um ein Prozent an. Zwischen 2015 und 2019 zeigt sich ein leichter Rückgang des politischen Interesses um zwei Prozent.

Hinweis: Äußere dich sowohl zu deutlichen Veränderungen (2010–2015) als auch zu fehlenden Veränderungen (2006–2010).

Ü 8: Heinrich von Kleist „Anekdote" – Epische Texte untersuchen

1. **Wer?** zwei berühmte Boxer, Zuschauer
   Wo? in London
   Was? Austragung eines öffentlichen Boxkampfes, durch den herausgefunden werden soll, wer von den beiden Boxern der bessere ist
   Wann? beim erstmaligen Zusammentreffen der beiden Boxer
   Welche Folgen? Tod beider Boxer; demjenigen, der den Boxkampf um einen Tag überlebt hat, wird die Siegerehre zuteil

2. Die Boxer treffen in London erstmals zusammen.
   Sie wollen herausfinden, wem der Siegerruhm gebührt.
   Sie vereinbaren einen öffentlichen Zweikampf.
   Sie schlagen beide kräftig zu.
   Der erste Boxer erleidet einen Blutsturz, nachdem der andere ihn geschlagen hat.
   Er schlägt zurück.
   Der andere Boxer geht zu Boden.
   Kurz darauf stirbt dieser.
   Dem ersten Boxer wird der Siegerruhm zuerkannt.
   Am Tag darauf stirbt auch er.

Ü 9: Arten von epischen Texten unterscheiden

Merkmal	Textsorte(n)
Der Protagonist macht eine Entwicklung durch.	G
Die Handlung strebt auf einen Höhe- oder Wendepunkt zu.	A, D, E, H
Eine Person wird hereingelegt.	H
Die Hauptfiguren sind ganz normale Alltagsmenschen.	C, D, H
Die Handlung erstreckt sich über einen längeren Zeitraum.	G
Im Zentrum steht eine ungewöhnliche Begebenheit aus dem Leben einer Person.	A, E
Die Geschichte ist stark vereinfacht.	F
Es handelt sich um einen epischen Text von geringem Umfang.	A, C, D, H
Die Hauptfiguren sind oft Tiere, die sprechen können.	B
Im Mittelpunkt steht ein ganz besonderes Ereignis.	E
Die Einleitung fehlt, und das Ende ist offen.	D
Es gibt eine Einleitung und ein richtiges Ende; die Handlungsschritte werden chronologisch dargestellt.	E
Es wird eine Lehre erteilt.	B, F, H

Ü 10: Die Erzählperspektive bestimmen

2. Erzählperspektive	Text A	Text B	Text C
a) Ich-Erzähler	☐	☒	☐
b) Er-Erzähler: personaler Erzähler	☐	☐	☒
c) Er-Erzähler: auktorialer Erzähler	☒	☐	☐

✦ **Hinweis:** In Text A wird das Geschehen von einem unbeteiligten Beobachter dargestellt, in Text B wird aus der Ich-Perspektive erzählt und in Text C handelt es sich um einen Er-Erzähller, der die Perspektive des Protagonisten einnimmt (z. B. „Lieber tot sein, als sich […] blamieren", Z. 8 f.).

Ü 11: Reinhold Ziegler „Marathon" – Eine Kurzgeschichte untersuchen

1. c) Er hat geglaubt, die Erwartungen seines Vaters erfüllen zu müssen.

   Hinweis: Das entscheidende Problem war für ihn, dass er gemeint hat, die Erwartungen seines Vaters erfüllen zu müssen. Andernfalls hätte er sich auch zur Wehr setzen können, z. B. hätte er sagen können, dass er nicht laufen will.

2.

	richtig	falsch
a) Ungeduld	✗	☐
b) Egoismus	✗	☐
c) Gleichgültigkeit	☐	✗
d) Ehrgeiz	✗	☐
e) Einfühlsamkeit	☐	✗

   Hinweis: a) Der Ich-Erzähler sagt gleich zu Anfang, dass sein Vater es kaum abwarten konnte, ihn zum Laufen zu bringen (vgl. Z. 5–17). b) Da er seinen Sohn gar nicht nach dessen Bedürfnissen und Wünschen fragt, handelt er ausschließlich aus eigenen Interessen heraus, also ist er egoistisch. c) Gleichgültigkeit kann man ihm nicht nachsagen, denn er ist sehr ehrgeizig mit seinem Sohn. d) Sein Sohn sollte ein erfolgreicher Läufer werden; dieses Ziel hat der Vater mit Ehrgeiz verfolgt. e) Als einfühlsam kann man ihn auch nicht bezeichnen, denn er erkundigt sich nicht nach den Gefühlen und Bedürfnissen seines Sohnes.

3.

Der Ich-Erzähler ...	Nummer
wird als Olympia-Hoffnung gefeiert.	5
steigt auf Marathon um.	8
will mit dem Laufen aufhören.	10
nimmt zum ersten Mal an einem Fünftausendmeterlauf teil.	2
verpasst die Qualifikation für Olympia.	7
läuft mit seinem Vater Marathon.	9
gewinnt seinen ersten Fünftausendmeterlauf nicht.	3
fängt an, Sport zu studieren.	6
muss bei jeder Gelegenheit mit seinem Vater laufen.	1
gewinnt einen Fünftausendmeterlauf.	4

4. Marco hasste seinen Vater nicht von Anfang an. Jedenfalls glaubt er das. Hassgefühle entwickelten sich erst nach und nach, als er lernen musste zu laufen.

Dem Vater dauerte alles einfach zu lange: Zuerst krabbelte das Kind nur, dann richtete es sich auf, ließ sich von einem Bein aufs andere fallen, hangelte sich unbeholfen vorwärts. Schließlich konnte der Junge endlich gehen. Aber er lief noch nicht, jedenfalls nicht richtig, nicht gleich, nicht aus den Fußgelenken heraus federnd, nicht mit der ganzen Sohle abrollend, noch nicht locker aus den Hüften heraus, noch nicht richtig im Knie geführt. Er war ein Kind, und er ging eben wie ein Kind, das gerade laufen gelernt hat. Das machte den Vater, den großen Sportler, ungeduldig. Und diese Ungeduld ließ er seinen Sohn auch damals schon spüren.

Im Alter von fünf Jahren hatte der Vater Marco dann so weit. Von da an wurde alles im Laufschritt erledigt. Ob sie morgens Brötchen holen, zum Einkaufen in die Stadt gingen oder abends den Hund „Nurmi" Gassi führten – stets wurde gelaufen. Gejoggt. Nur, mit heutigem Joggen hatte dieses verbissene Laufen nichts zu tun. Es fehlten die Leichtigkeit und der Spaß, die Jogger beim Laufen haben.

5. c) Der Ich-Erzähler hat diese Worte schnell vergessen.

   ✦ **Hinweis:** Dass er sagt, er habe diese Worte „eingeschlossen", heißt nicht, er habe sie „wegschließen" wollen, um sie zu vergessen. Vielmehr hat er sie behandelt wie einen Schatz, den er nicht verlieren will.

6. d) Er findet keine Worte für seinen Misserfolg.

   ✦ **Hinweis:** Es ist die Sprachlosigkeit, die für das Gefühl der Fremdheit sorgt.

7. a) Mit diesen Worten soll ihm sein Vater zeigen, dass er seine Fehler eingesehen hat.

   ✦ **Hinweis:** Oft sagen Eltern, sie hätten „doch nur das Beste" für ihre Kinder gewollt, wenn die Kinder ihnen im Nachhinein Vorwürfe wegen bestimmter erzieherischer Maßnahmen machen. Mit der Aussage bringen sie zum Ausdruck, dass sie nur an das Wohl ihrer Kinder (an ihr „Bestes") gedacht haben und dass ihre Motive ehrenhaft waren. Die Eltern gestehen damit indirekt aber auch ein, dass ihr Erziehungsverhalten falsch war, und wollen ihre Kinder um Verständnis und Nachsicht bitten.

8. • **Hass** gegenüber seinem Vater, weil der ihn immer zum Laufen angetrieben hat und für ihn anscheinend nur die sportlichen Erfolge zählten
   • eigener **Ehrgeiz**, als sich erste sportliche Erfolge eingestellt haben
   • Gefühl des **Versagens**, nachdem er es zweimal nicht geschafft hat, sich für die Teilnahme an den Olympischen Spielen zu qualifizieren

- **Rachegefühle** gegenüber seinem Vater, weil dessen Ehrgeiz ihn einen falschen Lebensweg hat einschlagen lassen

  ✒ **Hinweis:** *Hass: Z. 1–4, Z. 38, Z. 95–97; Ehrgeiz: Z. 99 f.; Gefühl des Versagens: Z. 125; Rachegefühle: Z. 150–153.*

9. a) Es ist sehr sicher, dass der Ich-Erzähler den Lauf gegen seinen Vater gewinnen wird, denn er ist jünger und besser trainiert. Trotzdem wird dieser ihn nicht dazu bewegen können, in Zukunft weiter zu laufen.

   b) Der Junge sieht diese Einsicht als Gewinn für sich an. Er hat endlich für sich selbst entschieden und damit sein Leben (zurück)gewonnen.

10. Mit dem Wort „Nebeneinander" ist zunächst gemeint: Keiner läuft voran und keiner bleibt hinter dem anderen zurück. Das Schlusswort drückt zugleich aus: Vater und Sohn sind jetzt gleichrangig; keiner ist dem anderen mehr überlegen, keiner kann den anderen beherrschen.

11. Marathon ist ein Langstreckenlauf über eine Strecke von 42 Kilometern. Ein solcher Lauf verlangt von den Läufern das Äußerste. In der Erzählung geht es aber nicht nur um die sportliche Disziplin. Es geht auch darum, dass der Sohn lernt, auf sich selbst zu hören, seine eigenen Interessen durchzusetzen und sich gegenüber seinem Vater zu behaupten. Dies zu schaffen, ist für ihn auch ein langwieriger Prozess und ähnlich anstrengend wie ein Marathon-Lauf.

Ü 12: G. Eich „Septemberliches Lied vom Storch" – Gedichte untersuchen

1. Herbstbeginn

2. c) Er vermittelt die Sicht eines nachdenklichen Beobachters.

   ✒ **Hinweis:** *Es wird nicht die Sicht eines Tieres eingenommen, sondern die Sicht eines Beobachters. Dieser ist aber nicht gleichgültig, sondern nachdenklich. Das zeigt sich z. B. darin, dass er den Tieren Gedanken oder Gefühle zuschreibt (z. B. „Er aber glaubt nicht mehr ans Jahr", V. 5, „unbesorgt", V. 10).*

3. Es ist schon September, dem Datum nach bereits Herbstbeginn. Noch aber erweckt das Wetter den Eindruck, als befinde man sich mitten im Sommer.

   ✒ **Hinweis:** *Durch seinen Fortflug hat der Storch angezeigt, dass der Herbst kurz bevorsteht, auch wenn das Wetter einen anderen Eindruck vermittelt.*

4. **Strophe 1:** Die Sonne scheint, es ist warm, und abends ist es noch lange hell.

   Strophe 2: Der Storch hat gespürt, dass der Herbst naht, und ist schon nach Süden geflogen.

   Strophe 3: Frösche und Mäuse fühlen sich sicher, da der Storch fort ist.

   Strophe 4: Die Mücke fühlt sich auch sicher, obwohl ihr von der Spinne nach wie vor eine Gefahr droht.

5. Gemeint ist der Storch.

6. Zwar spinnt die Spinne immer noch ihre Fäden.

   Aber die Mücke verhält sich so, als drohe ihr keine Gefahr.

   ✦ *Hinweis: Die Mücke „tanzt" (V. 15).*

7. Der Höhepunkt des Sommers ist überschritten und der Herbst naht. Nun scheinen für die kleinen Tiere keine Gefahren mehr zu drohen, weil der Storch bereits in Richtung Süden geflogen ist. Ein großer Feind ist also verschwunden, und sie genießen fröhlich ihr Dasein. Allerdings ist die Situation trotzdem nicht ganz ungefährlich. Das betrifft z. B. die Mücke, die sich nach wie vor im Netz der Spinne verfangen kann, auch wenn ihr das nicht bewusst ist. Dennoch ist die Stimmung sorglos und unbeschwert, auch für die Mücke.

Ü 13: „Septemberliches Lied vom Storch" – Das Reimschema bestimmen

Paarreim

✦ *Hinweis: Reimschema: aa bb / cc bb / dd bb / ee bb*

Ü 14: „Septemberliches Lied vom Storch" – Das Versmaß bestimmen

Vierhebiger Jambus

✦ *Hinweis: Die Sonne brennt noch überm Luch, / vom Grummet weht der Grasgeruch [...]*

Ü 15: „Septemberliches Lied vom Storch" – Form und Inhalt zusammenführen

Inhalt: Die Darstellung der Natur kurz vor Herbstbeginn wirkt idyllisch und schön: Die Tiere sind fröhlich und unbeschwert, dazu scheint die Sonne warm und hell.

Form: Das Gedicht hat eine harmonische, regelmäßige Form: Es besteht aus vier Strophen, die wiederum jeweils vier Verse umfassen. Weiterhin liegt ein gleichmäßiges Metrum vor, ein vierhebiger Jambus, was an den durchgehenden Taktschlag eines Liedes erinnert. Die Reime am Ende der Verse, die in einem ebenfalls regelmäßigen Reimschema (Paarreime) angeordnet sind, unterstützen diesen melodischen Eindruck. Das gilt auch für den Satz „[…] und lang noch steht die Sonn' im Tag" (V. 4, 8, 16), der wie ein Refrain wiederholt wird.

Wirkung: Inhalt und Form des Gedichts sind stimmig. Die harmonische, regelmäßige Gestaltung unterstreicht das Bild des friedlichen, idyllischen Naturschauspiels. Zur fröhlichen Stimmung passt auch der Titel, in dem von einem „Lied" die Rede ist.

Ü 16: Mathias Jeschke „Spiel zwischen Erde und Himmel" – Moderne Gedichte verstehen

1. Pfiff (V. 2, V. 9), gefoult (V. 4), Freistoß (V. 12)

   ✎ *Hinweis: Diese Wörter sind eindeutig dem Fußball zuzuordnen. Es gibt aber noch weitere Wörter, die ebenfalls als Anspielung auf ein Fußballspiel zu verstehen sind: Spiel (Überschrift), Sturz (V. 1), schrill (V. 2, V. 9), gellt (V. 2), jubeln (V. 7), schwenken, Fahnengrün (V. 8), trifft (V. 11).*

2. Der zweite Themenbereich ist **die Natur.**
   Beispiele: Vögel (V. 7), Bäume (V. 8)

   ✎ *Hinweis: Mögliche Beispiele sind auch: Lichtung (V. 6), grün (V. 8).*

3. **Erste Bedeutung:** eine Vogelart/ein Singvogel
   Zweite Bedeutung: ein vorgetäuschtes Foul in einem Fußballspiel

4. Im Augenwinkel der Sturz.
   Schrill, scharf gellt der Pfiff.
   Ich wende mich hin,
   doch niemand gefoult am Boden.
   Es war eine Schwalbe.
   Ich stehe auf der Lichtung und öffne mich.
   Die Vögel jubeln,
   die Bäume schwenken ihr Fahnengrün.

Erneut ein schriller Pfiff.

Erwartung wächst.

Da trifft es mich:

Ich stehe am Punkt für den Freistoß.

Quelle: Mathias Jeschke: Spiel zwischen Erde und Himmel, https://e-hausaufgaben.de/Thema-203879-Spiel-zwischen-erde-und-himmel.php

Ü 17: Die Sprachebene bestimmen

Beispielsätze	Sprachebene
Könnten Sie mir freundlicherweise Ihre E-Mail-Adresse zukommen lassen?	↑
Ich hab schon ewig keine WhatsApp mehr von meiner Freundin gekriegt. Das ist halt echt komisch.	↓
Wie is'n deine Handynummer? Kannste die mir mal geben?	↓
Wer früher den Ausdruck „elektronische Medien" benutzte, meinte damit nur Rundfunk und Fernsehen.	→
Heute denkt man vor allem an Computer und Internet, wenn jemand von elektronischen Medien spricht.	→
PC und Internet gestalten unsere Kommunikation sehr komfortabel, denn sie ermöglichen gleichzeitig die Produktion, die Übertragung und die Rezeption von Nachrichten.	↑
Wir bieten Ihnen eine kompetente Betreuung aller in technologischer und logistischer Hinsicht anfallenden Aufgaben.	↑
Mein WLAN-Empfang ist echt unter aller Sau. Ich hoffe, das ändert sich bald mal.	↓
Es soll Leute geben, die immer noch keinen Internetanschluss haben. Das kann ich nicht nachvollziehen.	→
Was kümmern dich die anderen? Du nervst voll!	↓
Mitteilungen nach außen werden inzwischen immer öfter digital kodiert, vor allem bei Behörden und im Dienstleistungssektor.	↑
Man sollte sein Passwort öfter ändern. Das ist eine Frage der Sicherheit.	→

Ü 18: „Spiel zwischen Erde und Himmel" – Auf die Wortwahl achten

	Nomen	Verben	Adjektive
1.	Spiel, Sturz, Lichtung, Himmel, Vögel, Bäume, Erwartung, Freistoß	gellen, (sich) öffnen, jubeln, schwenken, wachsen, treffen	schrill (2×), scharf, gefoult
2.	überwiegend **positive Wirkung**, bis auf „Sturz" wecken die Begriffe alle angenehme Vorstellungen	**gemischte Wirkung:** „gellen" oder „treffen" fast erschreckend, „jubeln", „öffnen" und „wachsen" eher fröhlich oder hoffnungsvoll	insgesamt nur wenige Adjektive, alle **negativ:** klingen erschreckend bis bedrohlich
3.	**Fazit:** Die Wortwahl zeigt zunächst ein gemischtes Bild: Die Situation ist für den lyrischen Sprecher grundsätzlich angenehm, es gibt viele positive Aussagen. Hin und wieder erlebt er jedoch einen Schrecken. Betrachtet man die Wörter, die negative Vorstellungen wecken, im Zusammenhang des Gedichts, zeigt sich aber, dass sie stets durch positive Aussagen wieder „entschärft" werden. Die Wortwahl, mit der Negatives zum Ausdruck kommt, dient also vor allem dazu, Spannung und Überraschungsmomente zu erzeugen.		

Ü 19: Heinrich von Kleist „Anekdote" – Den Satzbau berücksichtigen

Satzbau: Der Text besteht aus langen Satzgefügen, also aus kompliziert gebauten Sätzen, bei denen viele Nebensätze ineinander verschachtelt sind.

Wirkung: Die komplizierten Satzgefüge erwecken den Eindruck, als gehe es dem Erzähler vor allem um eine sachlich präzise und detailgetreue Wiedergabe des Geschehens. Damit steht der Satzbau im Gegensatz zum Inhalt, denn die beschriebene Handlung ist spannungsgeladen und geradezu erschreckend: Erzählt wird, wie zwei Boxer sich in einem Zweikampf gegenseitig so schwer verletzen, dass sie beide nacheinander sterben. Die langen Sätze aber lassen die Erzählweise nicht aufgeregt, sondern ganz ruhig und gelassen erscheinen. Die Darstellung erinnert damit eher an einen überlegt formulierten sachlichen Bericht als an eine spannende Erzählung mit dramatischem Ausgang.

Hinweis: Auch der Aufbau des Textes erinnert übrigens an einen Bericht: Die W-Fragen werden beantwortet (vgl. Übung 8) und das Geschehen wird in chronologischer Reihenfolge wiedergegeben.

Ü 20: „Spiel zwischen Erde und Himmel" – Sprachbilder erkennen

1. c) In dem Gedicht gibt es Personifikationen.

   Hinweis: „Metaphern" wird nicht als richtig gewertet. Man könnte allenfalls die „Schwalbe" (V. 5) als Metapher ansehen. Allerdings handelt es sich dabei um ein Wort, dessen zweite Bedeutung fest in den deutschen Wortschatz eingegangen ist und das deshalb nicht unbedingt als Metapher erkannt wird. (Es handelt sich um eine sogenannte lexikalisierte oder tote Metapher.) Weitere Metaphern sind im Gedicht nicht zu finden, deshalb ist die Antwort im Plural („Metaphern") in jedem Fall falsch.

2. „[…] die Bäume schwenken ihr Fahnengrün." (V. 8)

3. a) Die Sprachbilder erzeugen eine eher gute Stimmung.

   Begründung: Wenn es heißt, „die Vögel jubeln" (V. 7) und „die Bäume schwenken ihr Fahnengrün" (V. 8), dann wirkt das fröhlich. Die Natur scheint die gute Stimmung der Zuschauer im Stadion widerzuspiegeln.

Ü 21: Peter Maiwald „Die Kampagne" – Ironie richtig deuten

1. Aussprechen von Irrtümern, Missverständnisse, Geschwätzigkeit

   Hinweis: Auch möglich: Ärger mit Schwerhörigen, Lügen, jemanden zu etwas überreden

2. **Erste Textstelle:** „In Zweifelsfällen werden wir handgreiflich." (Z. 35 f.)
   Erklärung: Wenn jemand handgreiflich wird, wendet er Gewalt an. Das kann nicht positiv gemeint sein.

   Hinweis: Das Sprechen über Konflikte kann verhindern, dass ein Streit eskaliert. So kann eine Lösung des Problems herbeigeführt werden.

   Zweite Textstelle: „Seit wir sprachlos sind, kann uns nichts mehr erschrecken." (Z. 39 f.)
   Erklärung: Es ist nicht von Vorteil, wenn man über nichts mehr erschrickt, denn das würde auch bedeuten, dass man schlimme Missstände oder grobe Fehler gleichgültig hinnimmt.

   Hinweis: Wer niemals erschrickt, wird z. B. nicht gegen Unrecht protestieren. Auch wird er dazu neigen, unvorsichtig zu sein, weil er vor nichts Angst hat.

Schreibkompetenz

Ü 22: Den Schreibprozess steuern – Eine Schreibaufgabe vorbereiten

1. a) Einrichten einer von Schülern betriebenen Cafeteria an der Schule
   b) einen sachlichen/offiziellen Brief
   c) der Schulsprecher/die Schulsprecherin der Schule; Anliegen: Bitte um Unterstützung, damit das Vorhaben verwirklicht werden kann
   d) an die Schulleiterin; sie könnte Einwände gegen das Projekt haben

2. Stoffsammlung als **Tabelle:**

Argumente für das Vorhaben (Vorteile)	Mögliche Einwände
• Viele Schüler kommen hungrig in die Schule → können sich nach Frühstück besser konzentrieren	• Mensa vorhanden → möglicherweise weniger Essensteilnehmer → evtl. Klagen des Betreibers über Gewinneinbußen
• Schüler lernen Verantwortung tragen: müssen einkaufen, verkaufen, abrechnen etc.	• Zeitproblem: nur 20 Minuten Pause, pünktliches Erscheinen für aktive Schüler evtl. schwierig
• Geldeinnahme für die Schule, zusätzliches Geld für Anschaffungen	• evtl. Risiken in Bezug auf Geld (Kontrolle von Einnahmen und Ausgaben nötig)
• Mensa erst in Mittagspause geöffnet: zu spät	• Organisation schwierig
• Angebote für den „kleinen Hunger zwischendurch" erwünscht	• Startkapital nötig, unklar: Woher soll das Geld stammen?
• gut für die Schulatmosphäre: Treffpunkt für Schüler und Lehrer	• Platz benötigt: Auswahl des Raumes zu klären
• evtl. Beitrag zur gesunden Ernährung, z. B. durch Angebot von Obst, Müsli, Joghurt	• Ausstattung der Cafeteria mit Möbeln nötig (Tische, Stühle, Theke, Geschirr, Kasse …)
• macht Schülern Spaß, fühlen sich ernst genommen, Anerkennung von Mitschülern und Lehrern	• evtl. Mitarbeit von Eltern und Lehrern nötig
• Betreiben einer Cafeteria schult wirtschaftliches Denken → förderlich für berufliche Zukunft	• bestimmtes Angebot von Schülern erwartet, evtl. ungesund (z. B. Süßigkeiten)
• eigenverantwortliches Betreiben einer Cafeteria ermöglicht praxisorientiertes Lernen	• Cafeteria unnötig: Schüler können Pausenbrot von zu Hause mitbringen

Stoffsammlung als **Mindmap** oder **Cluster:**

Beginne bei den direkt von der Mitte ausgehenden Ästen. Nutze dann weitere Abzweigungen von diesen für Zusätze, z. B. so:

Hauptast: *gezieltes Essensangebot möglich*

→ Nebenabzweigung: *z. B. Obst, Joghurt*

→ Abzweigung von der Nebenabzweigung: *Beitrag zur gesunden Ernährung*

Oder so:

Hauptast: *Organisation schwierig*

→ erste Abzweigung vom Hauptast: *Raumplanung nötig*

→ zweite Abzweigung vom Hauptast: *Pausen zu kurz*

In einem **Cluster** sind die Eintragungen noch ungeordnet aufgeführt, so wie die Ideen dir in den Sinn kommen (wie beim Brainstorming).

Die **Mindmap** kannst du gleich unterteilen in eine Pro- und eine Kontra-Seite – oder du fertigst je eine eigene Mindmap für Pro- und Kontra an.

3. Siehe Reihenfolge der Ideen im Schreibplan (Hauptteil) in Übung 23.

Ü 23: Den Schreibprozess steuern – Einen Schreibplan erstellen

Schreibplan:

Einleitung	höfliche Anrede
Hinführung, Anliegen	viele Schüler ohne Frühstück im Unterricht Bitte um Unterstützung für Einrichtung einer Cafeteria
Hauptteil Entkräften von Gegenargumenten,	• Fragen der Ausstattung und Organisation mit Unterstützung der Eltern lösbar • Mensa nur mittags geöffnet, deckt anderen Bedarf ab, keine Konkurrenzsituation
eigene Argumente	• bessere Leistungsfähigkeit durch Frühstücksmöglichkeit • praxisorientiertes Lernen: Schüler lernen Verantwortung tragen, schult wirtschaftliches Denken • macht Schülern Spaß, gut für die Schulatmosphäre
Schluss Bekräftigung mit Hauptargument/ Zusammenfassung,	Wiederholung der Bitte um Unterstützung, Hauptbegründung: vorteilhaft für das Lernen und bessere Atmosphäre
weiteres Vorgehen	Vorschlag: Gespräch führen Grußformel und Unterschrift

Ü 24: Den Schreibprozess steuern – Einleitung und Schluss verfassen

Einleitung:

Sehr geehrte Frau …,
in letzter Zeit stelle ich immer wieder fest, dass viele Schüler morgens im Unterricht sitzen, ohne vorher zu Hause gefrühstückt zu haben. Pausenbrote haben sie auch nicht dabei. Deshalb fällt es ihnen schwer, darauf zu warten, dass in der Mittagspause endlich die Mensa öffnet. Mir ist vor Kurzem eine Idee gekommen, wie wir dieses Problem lösen könnten: Ich schlage vor, dass wir an unserer Schule eine Cafeteria einrichten, die von Schülern und Eltern gemeinsam betrieben wird. Damit dieses Vorhaben Wirklichkeit werden kann, bitte ich Sie um Ihre Unterstützung. …

Schluss:

… Ich hoffe, es ist mir gelungen, Sie davon zu überzeugen, dass es wirklich gut wäre, wenn wir an unserer Schule eine Cafeteria betreiben würden. Ein solches Angebot wäre nicht nur förderlich für das Lernen, sondern auch ein entscheidender Beitrag zur Verbesserung der Schulatmosphäre. Schließlich verbringen wir alle – Schüler und Lehrer – einen Großteil unseres Tages in der Schule. Es wäre schön, wenn wir für die Pausen eine Begegnungsstätte hätten, an der wir uns alle gerne aufhalten. Deshalb möchte ich Sie noch einmal ausdrücklich darum bitten, uns bei unserem Vorhaben zu unterstützen.

Mit freundlichen Grüßen

…

Ü 25: Den Schreibprozess steuern – Einen Text überarbeiten

Wir haben <u>zwar</u> eine Mensa, <u>doch dort</u> bekommen wir <u>erst</u> um 13 Uhr ein Mittagessen <u>und</u> das ist für viele Schüler zu spät. <u>Es gibt heutzutage nämlich eine ganze Reihe von</u> Schülern, <u>die</u> ohne Frühstück zur Schule kommen <u>und die deshalb</u> schon früh am Morgen Hunger haben. Sie möchten sich vorher etwas zu essen und zu trinken kaufen können. <u>Denn</u> sie können sich sonst im Unterricht nicht konzentrieren. <u>Daher</u> wäre eine Cafeteria wichtig für sie. […]

Ü 26: Heinrich von Kleist „Anekdote" –
Offene Fragen zu einem Text beantworten

Meiner Meinung nach ist die Einschätzung, dass die beiden Boxer sehr ehrenhaft miteinander umgehen, nicht richtig. Auf den ersten Blick kann man diese Sichtweise durchaus nachvollziehen, denn die beiden Boxer äußern sich während des Kampfes jeweils bewundernd über die Treffer des Gegners: Der Portsmouther ruft „brav!" (Z. 16), als ihn der Plymouther auf die Brust trifft, und dieser wiederrum „das ist auch nicht übel –!" (Z. 22 f.), als ihn der andere zu Boden wirft. Vordergründig bringen sie damit ihre Achtung vor der Kampfkunst des jeweils anderen zum Ausdruck. Das hindert sie aber nicht daran, gleichzeitig tödliche Schläge auszuteilen. Wenn sie sich wirklich ehrenhaft verhalten wollten, müssten sie auf solche Schläge verzichten und den Kampf weniger hart austragen. Ihre „Ehrenhaftigkeit" halte ich daher für vorgeschoben. Es geht beiden nur um den Sieg, den sie mit allen Mitteln erringen wollen.

Ü 27: Reinhold Ziegler „Marathon" – Inhaltsangabe zu einem epischen Text

Schreibplan:

Einleitung	
Textsorte,	Kurzgeschichte
Titel,	„Marathon"
Verfasser,	Reinhold Ziegler
Thema	Vater-Sohn-Konflikt: Dem Sohn fällt es schwer, sich gegenüber den Erwartungen seines Vaters zu behaupten.
Hauptteil Die einzelnen Handlungsschritte	1. Der Vater trainiert seinen Sohn schon früh im Laufen.
	2. Der Sohn muss bereits mit 13 Jahren an einem Fünftausendmeterlauf teilnehmen: Er bewältigt die Laufstrecke, geht aber nicht als Sieger hervor.
	3. Lob des Vaters für den guten Fünftausendmeterlauf; er meint, dass der Sohn den nächsten Lauf gewinnen wird.
	4. Ein Jahr später gewinnt der Sohn tatsächlich.
	5. Er wird von der Presse als Olympiahoffnung gefeiert.
	6. Er zieht in eine andere Stadt, um Sport zu studieren.
	7. Er verpasst die Qualifikation für Olympia.
	8. Er steigt auf Marathon um, aber ist auch darin nicht gut genug.

9. Er besucht seine Eltern: fühlt sich zu Hause fremd und schafft es nicht, mit ihnen über seine sportlichen Misserfolge zu reden.
10. Sein Vater fordert ihn zum Laufen auf.
11. Der Sohn schlägt Marathon vor, der Vater willigt ein.
12. Während des Laufes bricht der Vater zusammen.
13. Die beiden unterhalten sich und kommen sich näher.

Schluss Ergebnis/Ausgang des Geschehens	Der Sohn hat es geschafft, sich von den hohen Erwartungen seines Vaters zu lösen. Er beschließt, mit dem Laufen aufzuhören.

✏ **Hinweis:** Du kannst die einzelnen Handlungsschritte im Hauptteil auch knapp in Stichworten notieren.

Inhaltsangabe:

In der Kurzgeschichte „Marathon" von Reinhold Ziegler, erschienen im Jahr 2001, geht es um einen Vater-Sohn-Konflikt: Der Ich-Erzähler, ein junger Mann, erzählt davon, wie er von Kindheit an darunter gelitten hat, die Erwartungen seines Vaters erfüllen zu müssen. Von klein auf hat dieser ihn auf eine Karriere als Leistungssportler getrimmt, ohne auf die Begabungen, Bedürfnisse und Interessen des Jungen Rücksicht zu nehmen. Erst nach vielen Jahren gelingt es dem Sohn, sich von diesen Ansprüchen zu befreien.

Der Ich-Erzähler erinnert sich noch genau daran, wie sein Vater ihn schon als kleinen Jungen bei jeder Gelegenheit im Laufen trainiert hat, beispielsweise auf dem Weg zum Bäcker. Bereits als 13-Jähriger hat er als Einziger aus seiner Altersklasse bei einem Sportfest an einem Fünftausendmeterlauf teilnehmen müssen, um den Ehrgeiz seines Vaters zu befriedigen. Obwohl er aus dem Rennen nicht als Sieger hervorgegangen ist, hat er von seinem Vater lobende Worte zu hören bekommen – und die Vorhersage, dass er das nächste Rennen ein Jahr später gewinnen werde, was dann auch tatsächlich geschehen ist. Von diesem Tag an ist der junge Läufer als „Olympiahoffnung" gefeiert worden, nicht nur von seinem Vater, sondern auch von den Zeitungen.

Nach der Schule geht der Ich-Erzähler in eine andere Stadt, um dort Sport zu studieren und professionell zu trainieren. Trotzdem schafft er es nicht, sich für Olympia zu qualifizieren. Danach steigt er auf Marathon um, in der Hoffnung, dabei bessere Leistungen zu erzielen. Allerdings merkt er schon bald, dass er auch in dieser Disziplin nicht gut genug für den Profisport ist.

Als er wieder einmal bei seinen Eltern zu Besuch ist, fühlt er sich zunächst fremd bei ihnen. Es gelingt dem Jungen nicht, mit ihnen über seine sportlichen Misserfolge ins Gespräch zu kommen. Schließlich fordert sein Vater ihn zum gemeinsamen Laufen auf. Auf die Frage nach der Laufstrecke schlägt der gut trainierte Sohn Marathon vor. Er glaubt, dass sein Vater eine so lange Strecke nicht schaffen wird und dass deshalb er selbst diesmal die Oberhand haben wird. Nach einer Weile bricht der Vater tatsächlich zusammen.

Der Zusammenbruch führt dazu, dass die beiden erstmals richtig miteinander ins Gespräch kommen. Der Vater versteht, dass der Sohn sich mit dem Marathonlauf an ihm hat rächen wollen – für die übertriebenen Erwartungen, mit denen er den Sohn jahrelang gequält hat. Am Ende finden die beiden zueinander.

Ü 28: „Septemberliches Lied vom Storch" – Inhaltsangabe zu einem Gedicht

In dem Gedicht „Septemberliches Lied vom Storch" von Günter Eich beschreibt der lyrische Sprecher eine idyllische Situation in der Natur, die sich am Anfang des Herbstes zeigt: Zwar naht bereits die kalte Jahreszeit, aber da die Sonne noch fast so hell und warm scheint wie im Sommer, entsteht ein trügerisches Bild. Das ist auch am Verhalten der Tiere zu erkennen.

Der Storch hat bereits gespürt, dass der Sommer vorbei ist, und den Flug nach Süden angetreten. Die anderen Tiere aber genießen die letzten Sonnenstrahlen. Dank der Abwesenheit des Storches ist dies gefahrlos möglich, insbesondere für die Maus und den Frosch, die sich ausgelassen tummeln. Die Mücke allerdings, die sich ebenso unbeschwert verhält, unterliegt einem Irrtum. Sie ist nach wie vor gefährdet, denn sie könnte sich immer noch in einem Netz verfangen, das die Spinne webt.

Die schöne Stimmung an den letzten Sonnentagen im Frühherbst trügt also: Auch wenn für die einen Gefahren verschwunden sind, müssten andere eigentlich immer noch auf der Hut sein. Die perfekte Idylle gibt es also nicht.

Ü 29: „Terminator mit menschlichem Antlitz" – Inhaltsangabe zu einem Sachtext

In der Reportage „Terminator mit menschlichem Antlitz" von Florian Falzeder, erschienen am 21.10.2013 in der Tageszeitung *taz*, stellt der Verfasser Menschen vor, die sich als sogenannte Cyborgs ansehen. Einige von ihnen treffen sich regelmäßig in Räumen des Berliner Hackervereins „c-base", um sich auszutauschen. Der Verfasser nimmt ein solches Treffen zum Anlass, um sich mit den Teilnehmern über ihre Erfahrungen und Ziele zu unterhalten.

Falzeder erklärt, dass der Begriff „Cyborg" aus der Raumfahrt stammt. Ursprünglich bezog er sich auf Menschen, die nach den Vorstellungen von Wissenschaftlern mithilfe von Technik so umgestaltet werden, dass sie im Weltraum überleben könnten. Heute versteht man unter Cyborgs Menschen, die ihren Körper mit technischen Geräten ausstatten bzw. aufrüsten, um ihre Leistungsfähigkeit im Alltag zu steigern.

Drei solcher Cyborgs stellt der Verfasser vor: den Amerikaner Tim Cannon, der seine Sinneserfahrungen mithilfe von implantierten Chips und Magneten erweitert, die Programmiererin Rin Räuber, die ebenfalls einen Magneten in der Fingerspitze trägt und seitdem elektromagnetische Felder spüren kann, und den Gründer der deutschen Cyborg-Treffen Enno Park, der wieder hören kann, seit ihm ein Cochlea-Implantat eingepflanzt wurde. Einige Cyborgs wollen sich also durch die technischen Geräte, die sie in ihre Körper integrieren, perfektionieren, andere gleichen damit einen körperlichen Mangel aus.

Falzeder erinnert daran, dass das Thema der Verschmelzung von Mensch und Maschine schon häufig in Form von Science-Fiction-Werken aufgegriffen und viel darüber diskutiert worden sei. Enno Park will diese Diskussionen ins Positive rücken: Den Terminators, die in Hollywood-Filmen als gefährliche Kampfmaschinen dargestellt sind, sollen Cyborgs mit menschlichem Antlitz entgegengesetzt werden, um die Auseinandersetzung rund um alltägliche Technik im menschlichen Körper anzuregen. Park hält das für nötig, weil viele Menschen bereits Cyborgs seien, ohne sich dessen bewusst zu sein, etwa Personen mit Herzschrittmacher oder Prothesen.

Ü 30: Helga M. Novak „Schlittenfahren" – Die Analyse eines epischen Textes vorbereiten

a) Schlittenfahren

Das <u>Eigenheim</u> steht in einem Garten. Der Garten ist groß.
Überschrift doppeldeutig:
1. Spiel der Kinder, 2. schimpfen
gute Wohnsituation, wohlhabend?

<u>Durch den Garten fließt ein Bach.</u> Im Garten stehen zwei Kinder. <u>Das eine der Kinder kann noch nicht sprechen.</u> Das andere Kind ist größer. Sie sitzen <u>auf einem Schlitten</u>. Das kleinere Kind weint. <u>Das größere sagt, gib den Schlitten her. Das kleinere weint. Es schreit.</u> Aus dem Haus tritt <u>ein Mann. Er sagt, wer brüllt, kommt rein.</u> Er <u>geht in das Haus zurück.</u> Die Tür fällt hinter ihm zu.

idyllisch oder gefährlich?
nicht mal zwei Jahre alt
nur ein Schlitten
Streit um den Schlitten
wütend, hilflos
Mann = Vater: fragt nicht nach Gründen, macht seine Drohung nicht wahr

<u>Das kleinere Kind schreit.</u>

Streit geht weiter

Der Mann erscheint wieder in der Haustür. <u>Er sagt, komm rein. Na wird's bald. Du kommst rein. Wer brüllt, kommt rein.</u>

Vater wiederholt seine Drohung

<u>Komm rein.</u>
Der Mann <u>geht hinein. Die Tür klappt.</u>

macht Drohung wieder nicht wahr

Das kleinere Kind hält die Schnur des Schlittens fest. <u>Es schluchzt.</u>

kein lautes Schreien mehr → nicht trotzig, sondern traurig

Der Mann öffnet die Haustür. <u>Er sagt, du darfst Schlitten fahren,</u> aber nicht brüllen. <u>Wer brüllt, kommt rein. Ja. Ja. Jaaa. Schluss jetzt.</u>

schluchzendes Kind rührt ihn?
wiederholt Drohung

<u>Das größere Kind sagt, Andreas will immer allein fahren.</u> <u>Der Mann sagt, wer brüllt, kommt rein.</u> Ob er nun Andreas heißt oder sonstwie.
<u>Er macht die Tür zu.</u>

größeres Kind ohne Namen, fühlt sich ungerecht behandelt
Vater desinteressiert, wiederholt nur seine Drohung, kümmert sich nicht

<u>Das größere Kind nimmt dem kleineren den Schlitten weg. Das kleinere Kind schluchzt, quietscht, jault, quengelt.</u>

will auch mal allein rodeln
hilflos und wütend

<u>Der Mann tritt aus dem Haus. Das größere Kind gibt dem kleineren den Schlitten zurück.</u> Das kleinere Kind setzt sich auf den Schlitten. <u>Es rodelt.</u>

größeres Kind will Ärger vermeiden
wahrscheinlich zufrieden

Der Mann sieht in den Himmel. <u>Der Himmel ist blau.</u> <u>Die Sonne ist groß und rot. Es ist kalt.</u>

schöner Wintertag
rot: Signalfarbe für Gefahr

<u>Der Mann pfeift laut. Er geht wieder ins Haus zurück.</u> Er macht die Tür hinter sich zu.

Vater gut gelaunt, denkt, alles sei ok

<u>Das größere Kind ruft, Vati, Vati, Vati, Andreas gibt den Schlitten nicht mehr her.</u>

beschwert sich, sucht Unterstützung

Die Haustür geht auf. Der Mann <u>steckt den Kopf her-</u>   *kommt nicht einmal mehr vor*
<u>aus. Er sagt, wer brüllt, kommt rein.</u> Die Tür geht zu.   *die Tür zur Wiederholung der*
Das größere Kind ruft, Vati, Vativativati, Vaaatiii, jetzt   *Drohung*
ist Andreas in den Bach gefallen.   *in Panik, ruft um Hilfe*
<u>Die Haustür öffnet sich einen Spalt breit.</u>   *nur noch einen Spalt breit!*
Eine Männerstimme ruft, <u>wie oft soll ich das noch sa-</u>   *wiederholt seine Drohung →*
<u>gen, wer brüllt, kommt rein.</u>   *hat Situation nicht verstanden*

Quelle: Helga M. Novak: Schlittenfahren. In: Dies.: Aufenthalt in einem irren Haus. Gesammelte Prosa.
Frankfurt a. M.: Schöffling & Co. Verlagsbuchhandlung GmbH 1995, S. 82 f.

b) Als besondere **sprachliche Mittel** solltest du erkannt haben:
- einfache Wortwahl: „Haus", „Kind", „Tür", „Mann" …;
  Ausnahme: „Eigenheim"
- viele kurze einfache Hauptsätze, unverbunden aufeinanderfolgend
- viele Wortwiederholungen: „Garten", „Kind", „Schlitten", „Mann"
- Wiederholungen, viele ähnliche Satzanfänge: „Der Mann …",
  „Das kleinere Kind …", „Das größere Kind …"
- Wortfeld „schreien": weinen, schreien, brüllen, schluchzen, quietschen,
  jaulen, quengeln, rufen

Wirkung: monoton, einfach, kühl, nüchtern, gefühllos, unlebendig

✏ **Hinweis:** Die wörtliche Rede ist außerdem nicht durch Anführungszeichen gekennzeichnet.
Auch das trägt dazu bei, dass die Darstellung starr, unlebendig und kühl wirkt.

c) **Schreibplan**

Einleitung Basisinforma- tionen	Kurzgeschichte „Schlittenfahren" von Helga M. Novak Wann: an einem schönen Wintertag Wo: im eigenen Garten Wer: zwei kleine Kinder, Vater Was: Unfall eines der Kinder beim Schlittenfahren
Hauptteil, Teil 1 Inhaltsangabe	• Kinder streiten sich um Schlitten • Vater fühlt sich wiederholt durch den Lärm belästigt • tritt mehrmals vors Haus, ermahnt Kinder zur Ruhe, droht („Wer brüllt, kommt rein.") • geht zurück ins Haus • Streit zwischen Kindern hält an • kleineres Kind fällt mit Schlitten in den Bach • Vater bemerkt Gefahr nicht • fühlt sich weiter belästigt, geht ins Haus zurück

Hauptteil, Teil 2 Deutende Aussagen zum Text	• Spielsituation gefährlich für Kinder (Bach!) • ein Kind noch sehr klein (kann noch nicht sprechen) • nur ein Schlitten für zwei Kinder → Streit • Vater durch Lärm gestört, aber desinteressiert: fragt nicht nach Grund für den Streit • droht bei weiterem Geschrei mit dem Ende des Spielens im Garten, aber inkonsequent: macht Drohungen nicht wahr • verantwortungslos: kümmert sich nicht um die Kinder • Vater unterstützt kleines Kind, größeres Kind fühlt sich ungerecht behandelt • Vater wiederholt Drohung, wieder ohne Konsequenz • älteres Kind sucht Unterstützung (3× „Vati"-Ruf) • Vater fragt nicht nach dem Grund, steckt nur noch Kopf durch die Tür und wiederholt Drohung • älteres Kind ruft um Hilfe (5× „Vati"-Ruf) • Vater genervt, öffnet Tür nur noch einen Spalt breit und wiederholt sich → zeigt kein echtes Interesse
Zwischenergebnis und Überschrift	• Ausgang offen: Rettung des kleinen Kinds unklar • Vater verantwortungslos • Überschrift doppeldeutig: 1. Spiel der Kinder, 2. „mit jemandem Schlitten fahren" = ausschimpfen
Hauptteil, Teil 3 Besonderheiten der sprachlichen Gestaltung	• Wortwahl: einfach, fast naiv („Haus", „Schlitten", „Garten") • „Eigenheim": passt nicht zur sonstigen Wortwahl • viele Synonyme für „brüllen": „rufen", „quengeln", „jaulen", „schreien", „schluchzen", „quietschen" • kurze Sätze, ohne verbindende Konjunktionen oder Adverbien aneinandergereiht • viele Wiederholungen: Wörter sowie Satzanfänge • wörtliche Rede nicht gekennzeichnet • Erzählperspektive: auktorialer Erzähler → Sprache und Darstellung wirken kühl, nüchtern, monoton, gefühllos: passt zum Verhalten des Vaters
Schluss	Kritik an der Gesellschaft: Materielles wichtiger als Menschen, Gefühlskälte, Desinteresse an Kindern → unter Umständen (lebens-)gefährlich

Ü 31: Helga M. Novak „Schlittenfahren" – Analyse eines epischen Textes

Die Kurzgeschichte „Schlittenfahren" von Helga M. Novak erzählt von zwei Geschwistern, die an einem schönen Wintertag im Garten Schlitten fahren. Dabei verunglückt das kleinere Kind, indem es in einen Bach stürzt.

Einleitung:
Basisinformationen:
Textsorte, Titel,
Autorin, Thema

Die Geschwister haben zu zweit nur einen Schlitten. Da jedes von ihnen alleine rodeln will, geraten sie immer wieder in Streit. Das jüngere Kind, das noch nicht sprechen kann, äußert seinen Unmut durch Weinen und Schreien. Immer wenn aus dem Garten Geschrei zu hören ist, erscheint der Vater der beiden an der Haustür. Ohne nach Gründen zu fragen, ermahnt er die Kinder jedes Mal, still zu sein – andernfalls, so droht er, müssten sie ins Haus kommen. Allerdings macht der Mann seine Drohungen nicht wahr. Auch als das ältere Kind schließlich um Hilfe ruft, weil sein kleiner Bruder in den Bach gefallen ist, wiederholt der Vater lediglich seine Drohung, in der Annahme, dass die Kinder bloß wieder streiten.

Hauptteil, 1. Teil:
Inhaltsangabe:
zusammenfassende
Darstellung des
Handlungsverlaufs

Der Vater hat offenbar nicht verstanden, dass sich sein jüngerer Sohn am Ende in Lebensgefahr befindet. Auf das Schreien aus dem Garten reagiert er immer gleich, nämlich mit der gleichgültig geäußerten Drohung: „Wer brüllt, kommt rein." Insgesamt sechsmal spricht er sie aus (Z. 8 f., 13 f., 20, 23, 39, 43 f.). Dabei steigert sich sein achtloses Verhalten im Verlauf der Handlung: Während der Vater anfangs noch vors Haus tritt (vgl. Z. 16, Z. 29), steckt er später nur noch „den Kopf heraus" (Z. 38 f.), bis sich schließlich die Tür nur noch „einen Spalt breit" (Z. 42) öffnet. Deshalb merkt er auch nicht, dass sein älteres Kind am Schluss panisch um Hilfe ruft.

Hauptteil, 2. Teil:
Deutende Aussagen
mit Textbelegen und
Erläuterungen:
Vater erkennt Gefahr
nicht
→ zunehmend
gleichgültig

Dabei klingt das Lärmen der Kinder durchaus unterschiedlich: Mal heißt es, dass das kleine Kind „schreit" (Z. 7), an anderer Stelle heißt es, dass es „schluchzt" (Z. 18), und an wieder einer anderen Stelle verwendet der Erzähler gleich mehrere Verben – „schluchzen", „quietschen", „jaulen" und „quengeln" (vgl. Z. 27 f.) – um die Wut und Hilflosigkeit des kleinen Kindes zum Ausdruck zu bringen. Dagegen bezeichnet er die Äußerungen des größeren Kindes mit dem Verb „rufen" (Z. 36, 40). Für den Vater ist der Lärm, der von den Kindern ausgeht, aber immer der gleiche. Das ist auch daran zu erkennen, dass er ihn stets gleich bezeichnet, nämlich als „Brüllen". Dass er die Äußerungen seiner Kinder nicht unterscheidet, spricht

Lärm der Kinder klingt
unterschiedlich,

aber für Vater immer
gleich

dafür, dass er kaum hinhört. Er scheint also an seinen Kindern und ihrem Treiben nicht sonderlich interessiert zu sein.

→ desinteressiert

Sein Desinteresse zeigt sich auch darin, dass er niemals nach den Gründen für die Aufregung der Kinder fragt. Da ihr Geschrei bei genauem Hinhören ganz unterschiedlich klingt, müsste dem Vater eigentlich klar sein, dass es dafür auch verschiedene Anlässe geben muss. Doch auch das nimmt er anscheinend nicht wahr.

Gründe für Schreien werden nicht hinterfragt

Dabei sollte ihn der Streit nicht verwundern, denn die Kinder haben zu zweit nur einen Schlitten, und das, obwohl sie verschieden alt sind: Da das kleine Kind noch nicht einmal sprechen kann, dürfte es kaum zwei Jahre alt sein. Das größere Kind muss dagegen schon um einiges älter sein, denn es kann die Gefahr, in die sein kleiner Bruder am Ende geraten ist, richtig einschätzen. Dass es nicht friedlich zugeht, wenn sich die Kinder beim Rodeln mit dem Schlitten abwechseln sollen, hätte der Erwachsene also vorhersehen und verhindern können. Zumindest scheint es keine finanziellen Gründe dafür zu geben, dass kein zweiter Schlitten vorhanden ist, denn die Eltern sind wohlhabend genug, um sich ein eigenes Haus zu leisten. Das lässt der Erzähler den Leser gleich zu Anfang des Textes wissen (vgl. Z. 1).

unverständlich: Warum nur ein Schlitten für zwei Kinder?

→ *Vater hätte Streit vermeiden können*

Noch weniger ist es zu verstehen, dass der Vater die Kinder ganz alleine draußen spielen lässt. Die Situation im Garten ist durchaus gefährlich, weil ein Bach hindurchfließt (vgl. Z. 2). Kleine Kinder dürfte man dort also nicht unbeaufsichtigt rodeln lassen. Dieses Verhalten ist verantwortungslos.

Gefahr durch Bach im Garten

→ *verantwortungslos*

Der Vater hat das Wohl seiner Kinder nicht im Auge. Er sieht offenbar keine Notwendigkeit, sich um sie zu kümmern. Wichtig scheint ihm stattdessen nur zu sein, dass er seine Ruhe hat. Darin zeigt sich sein Egoismus. Außerdem ist er als Erzieher inkonsequent, da er immer nur leere Drohungen ausspricht, die keine Folgen haben. So ist es verständlich, dass die Kinder nicht auf ihn hören und sich immer weiter streiten.

Vater will nur seine Ruhe

→ *egoistisch und inkonsequent*

Ob das kleine Kind aus seiner lebensgefährlichen Lage gerettet wird, bleibt offen. So lässt die Geschichte den Leser in dieser Hinsicht ratlos zurück. Deutlich wird aber, dass der Vater für sein Verhalten zu verurteilen ist, da er nur an sich denkt und nicht an das Wohlergehen seiner Kinder.

Zwischenergebnis:
Ausgang der Handlung offen, Verhalten des Vaters zu verurteilen

Auch die Doppeldeutigkeit der Überschrift „Schlittenfahren" passt hierzu: Während die Kinder fröhlich mit dem Schlitten im Schnee spielen wollen, zeigt sich ihr Vater ungeduldig und

Deutung der Überschrift

böse, indem er mit ihnen – entsprechend der Redensart – „Schlitten fährt", also mit ihnen schimpft. Ein verständnisvoller Vater ist er nicht.

Der auktoriale Erzähler äußert jedoch an keiner Stelle direkte Kritik an dem Erwachsenen. Geradezu unterkühlt erzählt er das Geschehen: Er verwendet gehäuft einfache Wörter aus der Alltagssprache (z. B. „Garten", Z. 1 f., „Tür", Z. 9, 16, 25, „Kind", Z. 4–6, 11, „Mann", Z. 8, 12, 16). Und auch der Satzbau ist sehr einfach: Es gibt nur Hauptsätze, die nicht einmal durch Konjunktionen oder Adverbien miteinander verbunden sind. So wirkt die Darstellung monoton und fast etwas lieblos – worin sich die gleichgültige Haltung des Vaters widerspiegelt.

Es gibt nur ein einziges Wort, das davon abweicht: das Wort „Eigenheim" (Z. 1). Somit scheint es sich um einen Schlüsselbegriff zu handeln. Auf keinen Fall handelt es sich dabei um ein Wort aus der Alltagssprache. Eher kennt man es aus der Werbung für Immobilien. Möglicherweise soll es also darauf hindeuten, dass den Eltern Besitz – in diesem Fall der des eigenen Hauses – besonders wichtig ist.

Man kann die Kurzgeschichte also als Kritik an all denen deuten, für die Materielles größere Bedeutung hat als das Wohlergehen von Menschen, insbesondere das von Kindern, denen die Erwachsenen oft nicht einmal richtig zuhören. Dass diese Haltung geradezu gefährlich sein kann, zeigt die Geschichte.

Hauptteil, 3. Teil:
Sprachliche Gestaltung: auktorialer Erzähler, keine direkte Kritik
Darstellung wirkt unterkühlt: einfache Wortwahl, monotoner Satzbau
→ lieblos, gleichgültig
Ausnahme in der Wortwahl: „Eigenheim"
→ Schlüsselbegriff

Schluss:
Ergebnis: Kritik: Materielles wichtiger als Wohlergehen der Kinder

Ü 32: Peter Fox „Das zweite Gesicht" – Analyse eines lyrischen Textes

In dem aus dreizehn Strophen bestehenden Songtext „Das zweite Gesicht" von Peter Fox, erschienen im Jahr 2008, spricht das lyrische Ich ein unbekanntes Gegenüber an und macht sich dabei Gedanken über eine düstere Seite von dessen Persönlichkeit. Diese zeigt sich immer wieder in Form von unkontrolliertem und schädigendem Handeln.

Aus Erfahrung weiß der Angesprochene, dass er selbst dazu neigt, seine Aggressionen an anderen auszulassen, auch wenn er das im Grunde gar nicht will. Es genügt, dass jemand ihm mit seinen Ansichten oder seinem Verhalten in die Quere kommt, und schon kann die Person sich nicht mehr zurückhalten. Dem Betreffenden ist klar, dass er sich selbst und seinen Mitmenschen damit schadet, und schon am nächsten Tag bereut er es, wenn er wieder einmal die Kontrolle über sich verloren hat.

Einleitung:
Basisinformationen: Textsorte, Titel, Autor, Erscheinungsjahr und Thema

Hauptteil, 1. Teil:
Inhaltsangabe:

Problem mit der Kontrolle von Aggressionen

Trotzdem kann er sich nicht beherrschen und hat sich deshalb damit abgefunden, dass es etwas Böses in ihm gibt, das nach außen drängt. Das bezeichnet die Person als „zweites Gesicht".

Böses drängt nach außen

In den ersten Strophen beschreibt der lyrische Sprecher, wie es dazu kommt, dass der Betreffende gegenüber einer anderen Person aggressiv wird: Es passt ihm nicht, was diese tut oder sagt („Gleich geht jemand hier zu weit", V. 2). Er merkt dann, wie er wütend wird: „Die Stimme bebt und der Blick ist Eis" (V. 1), und schließlich schleudert er seinem Gegenüber böse Worte entgegen („Die Zunge ist geladen und bereit / Die Wörter von der Leine zu lassen [...]", V. 3 f.).

Hauptteil, 2. Teil:
Deutende Aussagen mit Textbelegen und Erläuterung:
<u>*Gründe*</u> *für das Verhalten*

Eine Zeitlang geht es dem Angreifer gut, wenn er dem anderen seine Meinung gesagt hat („Du triumphierst", V. 7). Doch er weiß auch: Schon am nächsten Tag wird es ihm leid tun, dass er jemanden verletzt hat (vgl. V. 8).

<u>*Folgen*</u> *des Verhaltens*

Das lyrische Ich macht deutlich, dass es in der Regel Nichtigkeiten sind, die den Angesprochenen derart aufbringen („Hahnenkampf um einen Haufen Mist", V. 9). Entscheidend ist für ihn aber, sich als Sieger zu fühlen („Einem Dummen zeigen, dass du schlauer bist", V. 12).

<u>*Bewertung*</u> *der Anlässe als Nichtigkeiten*

In den Strophen vier, fünf und sechs, die am Schluss des Songtextes noch einmal als Refrain wiederholt werden, wird das aufbrausende Verhalten bildhaft so dargestellt, als gäbe es ein böses Tier („Ein Biest", V. 17), das in dem Betreffenden steckt. Normalerweise hat die Person dieses „Biest" unter Kontrolle; es ist in einem Käfig eingeschlossen. Doch irgendwann drängt es nach draußen, und die Käfigtür öffnet sich (vgl. V. 15). Dies geschieht Tag für Tag, das ganze Leben lang („Vom Laufstall bis ins Grab", V. 20).

Refrain-Strophen: aggressives Verhalten als böses Tier, das in einem steckt

In den folgenden Strophen nennt der lyrische Sprecher weitere Beispiele dafür, wann dies vorkommen kann: Sobald die Person sich von anderen daran gehindert sieht, ihren Willen durchzusetzen oder den von ihr gewünschten Weg zu verfolgen (vgl. V. 25 f.), dringt das Böse nach außen. Wenn derjenige das Gefühl hat, jemand verhindere sein Glück („Jemand steht zwischen dir und deinem Glück", V. 27), hält er das nicht aus und es macht ihn „rasend" (V. 28). Neben Wutausbrüchen und verbalen Entgleisungen kommt es auch vor, dass der Betreffende sich falsch verhält, um sich Vorteile zu verschaffen. Beispielsweise belügt oder betrügt er andere, um nicht als Verlierer dazustehen („Du spielst falsch, um nicht zu verlieren",

<u>*Situationen,*</u> *in denen die Aggression vorkommt*

V. 33), oder er geht sogar mit der Frau des Freundes fremd („Die Frau deines Freundes kommt mit zu dir", V. 36).

Dabei sind dem Angesprochenen die eigenen aggressiven Ausbrüche durchaus bewusst („Du guckst dir zu und du hörst dich reden", V. 29) und er merkt, dass sie nicht richtig sind, sondern „sensationell daneben" (V. 30). Auch schadet er mit diesem Verhalten nicht nur anderen, die er zu Opfern macht, sondern letztendlich ebenso sich selbst („Du siehst die Wand und fährst dagegen", V. 32). Er gesteht sich sogar ein, dass er sich selbst etwas vormacht, wenn er feiert, „als wär nix passiert" (V. 34). Doch das hindert ihn nicht daran, sich so zu verhalten. Der lyrische Sprecher beurteilt das so: „Dein Gewissen ist betrunken" (V. 35).

Einsicht in das Fehlverhalten

Trotz dieser Einsichten in das Fehlverhalten hat die Person die negativen Tendenzen in sich also nicht unter Kontrolle. Sie hat sich damit abgefunden, zwei Gesichter zu haben: ein gutes und ein schlechtes. Am Schluss bringt der lyrische Sprecher das auf den Punkt: „Ein Biest lebt in deinem Haus / Du schließt es ein, es bricht aus" (V. 42 f.).

Zwischenergebnis:
Eingeständnis: schlechte Seiten sind nicht unter Kontrolle

Die letzte Strophe fasst die Gedanken des lyrischen Ichs damit noch einmal wie ein Ergebnis zusammen. Das wird auch daran deutlich, dass diese Strophe verkürzt ist: Während die anderen zwölf Strophen durchgängig aus vier Versen bestehen, ist die letzte Strophe auf zwei Verse verknappt. Dadurch werden die Schlussworte zusätzlich hervorgehoben.

zusammengefasst in der letzten Strophe

Der lyrische Sprecher verwendet für seine Darstellung des Problems oft sprachliche Bilder, meistens Metaphern. Schon die Vorstellung, auf der der gesamte Text aufbaut, ist eine solches Sprachbild: das „Biest" (V. 17), das in einer Person steckt und das nicht dauerhaft in einem Käfig gehalten werden kann. Daneben gibt es weitere Metaphern, z. B. die „Pfeilspitzen voller Gift" (V. 5), die für Angriffe stehen. Eine Metapher ist auch der Versuch, „vom Gas zu gehen", welcher nicht gelingt, weil der Fuß „grad gelähmt" (V. 31) ist, womit ausgedrückt werden soll, dass die Person versucht, an sich zu halten, was sie aber nicht schafft, weil sie keine Kontrolle über sich hat. Hinzu kommen auch einige Personifikationen, z. B. der Zunge, die „geladen" ist und „bereit / Die Wörter von der Leine zu lassen" (V. 3 f.). Mit solchen Sprachbildern veranschaulicht der lyrische Sprecher seine Gedanken. Sie alle verstärken das Bild eines Getriebenen, der nicht anders handeln kann.

Hauptteil, 3. Teil:

Sprachliche Gestaltung: viele Sprachbilder:

Metaphern

Personifikationen

→ Veranschaulichung, Unterstützung des dargestellten Inhalts

Geprägt ist der Songtext auch durch die Gegenüberstellung von Gegensätzen (z. B.: „Du schließt es ein, es bricht aus", V. 22, oder: „Du willst nach vorn, die anderen wollen zurück", V. 25). Diese Gegensätze machen deutlich, dass der Angesprochene hin- und hergerissen ist, zum einen zwischen den beiden „Gesichtern", die er in sich spürt, zum anderen zwischen seinen Vorstellungen und Wünschen und den Hindernissen, die sich ihm in den Weg stellen.

Gegensätze

→ Verdeutlichen des Hin-und-Hergerissen-Seins

Zwar wird durchgehend das Anredepronomen „du" (z. B. V. 7, 11, 14) verwendet. Dennoch entsteht der Eindruck, der lyrische Sprecher meine eigentlich sich selbst. So wirkt der Song wie ein Selbstgespräch, das der lyrische Sprecher mit sich führt. Auch das passt wiederum zur Vorstellung von einem „zweiten Gesicht", also einer zwiegespaltenen Person.

Anrede „du"

→ wie Selbstgespräch, Ansprache des „zweiten Gesichts"

Weil er Tag für Tag den Kampf gegen dieses ungeliebte „zweite Gesicht" austrägt, kommt der lyrische Sprecher nicht zur Ruhe. Dabei hat er längst begriffen, dass er nicht gewinnen kann. Immer wieder fährt er sehenden Auges ‚gegen die Wand' (vgl. V. 32), wissend, dass er sich dadurch andere zum Feind macht (vgl. V. 4), und bereit, sie zu „opfern", und sei es auch nur „für einen lauen Witz" (V. 10).

Schluss:
Ergebnis:
vergeblicher Kampf gegen das „Biest" zum Schaden von anderen und von sich selbst

Doch auch der Leser oder Hörer kann sich durch das „Du" im Text angesprochen fühlen. Dass Peter Fox mit diesem Song so erfolgreich war, bestätigt, dass sich offenbar viele Menschen mit den Gedanken des lyrischen Sprechers identifizieren können. Sie haben verstanden, dass wohl jeder in seinem Inneren ein „zweites Gesicht" hat, also nicht nur gute, sondern auch schlechte Eigenschaften in sich trägt.

auch Verallgemeinerung: „du" = jeder

→ alle haben gute und schlechte Seiten in sich

Ü 33: „Terminator mit menschlichem Antlitz" – Analyse eines Sachtextes

In der Reportage „Terminator mit menschlichem Antlitz" von Florian Falzeder, erschienen am 21. 10. 2013 in der Tageszeitung „taz", stellt der Verfasser Menschen vor, die sich als Cyborgs ansehen. Einige von ihnen treffen sich regelmäßig in Räumen des Berliner Hackervereins „c-base", um sich auszutauschen. Der Verfasser nimmt ein solches Treffen zum Anlass, um sich mit den Teilnehmern über ihre Erfahrungen und Ziele zu unterhalten.

Einleitung:
Basisinformationen:
Textsorte, Titel, Verfasser, Quelle und Thema

Falzeder erklärt, dass der Begriff „Cyborg" aus der Raumfahrt stammt. Ursprünglich bezog er sich auf Menschen, die nach den Vorstellungen von Wissenschaftlern mithilfe von Tech-

Hauptteil, 1. Teil:
Inhaltsangabe:
der Begriff „Cyborg"

nik so umgestaltet werden, dass sie im Weltraum überleben könnten. Heute versteht man unter Cyborgs Menschen, die ihren Körper mit technischen Geräten ausstatten bzw. aufrüsten, um ihre Leistungsfähigkeit im Alltag zu steigern.

Drei solcher Cyborgs stellt der Verfasser vor: den Amerikaner Tim Cannon, der seine Sinneserfahrungen mithilfe von implantierten Chips und Magneten erweitert, die Programmiererin Rin Räuber, die ebenfalls einen Magneten in der Fingerspitze trägt und seitdem elektromagnetische Felder spüren kann, und den Gründer der deutschen Cyborg-Treffen Enno Park, der wieder hören kann, seit ihm ein Cochlea-Implantat eingepflanzt wurde. Einige Cyborgs wollen sich also durch die technischen Geräte, die sie in ihre Körper integrieren, perfektionieren, andere gleichen damit einen körperlichen Mangel aus.

Vorstellen dreier Cyborgs (Beispiele)

Gründe für die technische Aufrüstung des eigenen Körpers

Falzeder erinnert daran, dass das Thema der Verschmelzung von Mensch und Maschine schon häufig in Form von Science-Fiction-Werken aufgegriffen und viel darüber diskutiert worden sei. Enno Park will diese Diskussionen ins Positive rücken: Den Terminators, die in Hollywood-Filmen als gefährliche Kampfmaschinen dargestellt sind, sollen Cyborgs mit menschlichem Antlitz entgegengesetzt werden, um so die Auseinandersetzung rund um alltägliche Technik im menschlichen Körper anzuregen. Park hält das für nötig, weil viele Menschen bereits Cyborgs seien, ohne es zu wissen, etwa Personen mit Herzschrittmacher oder Prothesen.

Thema schon häufig künstlerisch behandelt und viel diskutiert

„Menschliche Cyborgs" als Gegenpol zu „Kampfmaschinen" aus Filmen

Ziel: Auseinandersetzung mit alltäglicher Technik im Körper

Der Text weist typische Merkmale einer Reportage auf: Der Verfasser greift drei Teilnehmer des Cyborg-Treffens heraus, um an ihnen beispielhaft darzustellen, welche Interessen sie verfolgen. Zwischendurch vermittelt er dem Leser durch allgemeine Erläuterungen Hintergrundwissen zum Thema. Typisch für eine Reportage ist auch, dass die Darstellung der Inhalte im Präsens erfolgt. Mehrmals werden zudem Äußerungen der drei vorgestellten Cyborgs wiedergegeben, entweder wortwörtlich (vgl. Z. 1, 5–8, 58 f., 65–67, 94–96) oder in Form von indirekter Rede (vgl. Z. 36–41, 83–88).

Hauptteil, 2. Teil:

Textsorte und Textaussage:

Merkmale einer Reportage:

Wechsel von Beispielen u. Hintergrundwissen, Zeitform Präsens, direkte und indirekte Rede

Etwa in der Mitte des Textes formuliert Falzeder eine entscheidende Frage: „In welche Richtung soll die Verschmelzung von Mensch und Maschine gehen?" (Z. 46–48) Allerdings ist nicht zu erkennen, dass er eine Antwort darauf bekommen hat. Die Teilnehmer des Treffens sind sich nur darin einig, dass Cyborgs „längst Realität" (Z. 48) seien.

zentrale Frage

Eine besondere Rolle kommt dem Amerikaner Tim Cannon zu, der nicht nur als Erster im Artikel vorgestellt wird (vgl. Z. 1–12 und 19–26), sondern der von den Berliner Cyborgs auch in seiner Entwicklung bereits am weitesten fortgeschritten ist, d. h. die meiste Technik im Körper trägt (vgl. Z. 20–24). Dazu passt, dass Cannon als Cyborg mit dem am weitesten reichenden Ziel beschrieben wird: Er sehnt sich offenbar nach Unsterblichkeit (vgl. Z. 1, 4).

Beispiel Tim Cannon:

trägt die meiste Technik im Körper

Ziel: Unsterblichkeit

Danach wendet sich Falzeder Enno Park zu. Von ihm erhält er die Hauptinformationen zum Thema. Das zeigt sich zum einen darin, dass der Autor sich mehrfach auf ihn bezieht (vgl. Z. 36–38 und 53–61), zum anderen darin, dass er seinen Artikel mit einem Zitat Parks beschließt (vgl. Z. 94–96). Die Erkenntnis, ein Cyborg zu sein, hat Park gewonnen, nachdem ihm ein Cochlea-Implantat eingepflanzt wurde (vgl. Z. 58 f.). Durch dieses hat sich Parks Lebensqualität entscheidend verbessert, denn er kann jetzt wieder hören und ganz normal am öffentlichen Leben teilnehmen. Falzeder ergänzt diese Ausführungen durch den Hinweis, dass in Deutschland schon weitere 30 000 Menschen Cochlea-Implantate tragen.

Beispiel Enno Park:
liefert die wesentlichen Informationen

trägt ein Cochlea-Implantat

Verbesserung der Lebensqualität durch Technik

Etwas beiläufig wendet sich der Verfasser anschließend seiner dritten Gesprächspartnerin zu, der Programmiererin Rin Räuber (vgl. Z. 63–73). Sie ist ein Beispiel dafür, wie die Ausstattung des Körpers mit Technik es ermöglicht, „eine sonst unsichtbare Welt" (Z. 72) wahrzunehmen. Denn mit ihrem Magneten in der Fingerspitze spürt sie jedes Mal ein Vibrieren, wenn sie sich elektromagnetischen Feldern nähert.

Beispiel Rin Räuber:

Erweiterung der Wahrnehmung durch Magnet im Körper

Für den Autor scheint klar zu sein, dass sich die Cyborgs erst am Anfang einer Entwicklung befinden. Das bringt er mit einigen Sprachbildern zum Ausdruck. Besonders gut zu erkennen ist das bei der Beschreibung des Amerikaners Tim Cannon: Der sehe sich auf dem „Weg zur Unsterblichkeit" (Z. 4), habe dabei jedoch „ein Hindernis zu überwinden" (Z. 5), arbeite daran „Schritt für Schritt" (Z. 9 f.), bleibe dabei aber „auf dem Boden" (Z. 19).

Hauptteil, 3. Teil:
Sprachliche Gestaltung:

Sprachbilder

Auch mit seiner Wortwahl macht der Verfasser darauf aufmerksam, dass die Teilnehmer des Cyborg-Treffens sich noch in einer Art Versuchsstadium befinden: Sie selbst nennen sich „Body-Hacker" (vgl. Z. 24 f., 40 f.), Falzeder bezeichnet sie als „Bastler" (Z. 25) und beschreibt ihr Experimentieren als ein „Spiel mit dem eigenen Körper" (Z. 75 f.).

Wortwahl

Auf diese Weise macht der Autor in seinem Artikel deutlich, dass eine echte und sinnvolle Verschmelzung von Mensch und Maschine bis jetzt noch eine Zukunftsvorstellung ist. Das spiegelt sich auch in seiner Beschreibung des Treffpunkts der Cyborgs wider: Dieser sieht aus wie eine Raumstation, die „durch einen Zeitreiseunfall vor viereinhalb Milliarden Jahren auf der Erde bruchlandete" (Z. 31–33). Mit diesem bewusst übertriebenen Vergleich kommt zum Ausdruck, dass es wohl noch eine sehr lange Zeit dauern wird, bis die Cyborgs bahnbrechende Fortschritte erzielt haben werden.

anschauliche Beschreibung, bildhafter Vergleich, Übertreibung

Mit einer Gegenüberstellung bringt der Verfasser das im vorletzten Absatz schließlich auf den Punkt: Er sagt, der „Bastler-Realität" (Z. 74 f.) stehe ein „riesiger Science-Fiction-Kosmos gegenüber" (Z. 77 f.). So verweist er darauf, dass man sich schon seit Langem die vielfältigsten Maschinenmenschen vorstellt, dass die bisher erreichten Ergebnisse mit diesen Fantasien aber noch lange nicht mithalten.

Gegenüberstellung

→ Entwicklung noch im Versuchsstadium, Fantasie und Realität klaffen (noch) auseinander

Dass der Verfasser die Aktivitäten und Ideen der Cyborgs trotzdem ernst nimmt, zeigt er einerseits durch seine vielseitige Darstellung, andererseits dadurch, dass er Enno Park die Schlussworte seines Artikels einräumt. So gibt Falzeder zu erkennen, dass er das Thema der Cyborg-Bewegung durchaus für diskussionswürdig hält – immerhin findet er es auch lohnenswert, seine Erkenntnisse darüber in einer Reportage festzuhalten, um so die Leser zu informieren.

Schluss:
Aktivitäten ernst zu nehmen, Bewegung diskussionswürdig

Ü 34: Friedrich Schiller „Der Verbrecher aus verlorener Ehre" – Eine literarische Figur charakterisieren

1.

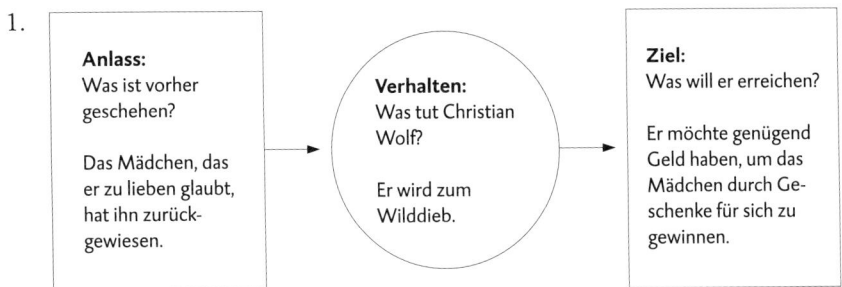

Anlass: Was ist vorher geschehen?

Das Mädchen, das er zu lieben glaubt, hat ihn zurückgewiesen.

Verhalten: Was tut Christian Wolf?

Er wird zum Wilddieb.

Ziel: Was will er erreichen?

Er möchte genügend Geld haben, um das Mädchen durch Geschenke für sich zu gewinnen.

2. Christian Wolf wird zum Wilddieb, weil er zu Geld kommen will, um dem Mädchen, in das er verliebt ist, Geschenke machen zu können. Da er ziemlich hässlich aussieht, ist es schwer für ihn, beim anderen Geschlecht auf Interesse zu stoßen. Auch Hannchen, die er zu lieben glaubt, hat ihn zurückgewiesen. Da sie aber arm ist, hofft er, dass ihr Herz, „das seinen Beteurungen verschlossen blieb, [...] sich vielleicht seinen Geschenken" öffnen würde (Z. 30–32). Um sie auf diese Weise für sich gewinnen, benötigt Christian aber Geld, das er nicht hat. So sieht er nur einen Ausweg, nämlich „honett zu stehlen" (Z. 47), das heißt, zu wildern.

3. Christian Wolf ist die Hauptfigur aus Friedrich Schillers Erzählung „Der Verbrecher aus verlorener Ehre". Er ist der Sohn eines Gastwirts und wächst in ärmlichen Verhältnissen auf. Nachdem sein Vater gestorben ist, hilft er bis zu seinem 20. Lebensjahr seiner Mutter in der Gastwirtschaft. Später wird er zum Wilddieb.

Einleitung:
Vorstellen der Figur (Name, Familien-verhältnisse, sozialer Status, Beruf)

Schon als Kind wirkt er äußerlich hässlich. Seine Gestalt ist klein und unscheinbar (vgl. Z. 13), sein Haar ist stark gewellt und auffallend dunkel („krauses Haar von einer unangenehmen Schwärze", Z. 13 f.) und seine Gesichtszüge wirken missgestaltet: Er hat „eine plattgedrückte Nase und eine geschwollene Oberlippe" (Z. 15 f.). Letztere ist nach dem Schlag durch ein Pferd außerdem verzerrt („aus ihrer Richtung gewichen", Z. 18).

Aussehen

Durch seine Hässlichkeit wirkt er auf andere Menschen abstoßend, besonders auf Frauen. Er leidet unter seinem unschönen Äußeren, zumal er deshalb von seinen Kameraden gehänselt wird: Seine Erscheinung bietet „dem Witz seiner Kameraden eine reichliche Nahrung" (Z. 21 f.). Sein Geist ist aber munter und einfallsreich (vgl. Z. 11), außerdem ist er sensibel (vgl. Z. 25). Weil er es nicht erträgt, von anderen immer zurückgewiesen zu werden, versucht er durch freches Verhalten auf sich aufmerksam zu machen. Schon als Schuljunge hält man ihn „für einen losen Buben" (Z. 7 f.). Mit „seinem erfinderischen Kopfe" (Z. 11) beeindruckt er

Hauptteil:
Eigenschaften und Charakterzüge:

Opfer von Spott

intelligent, einfallsreich
sensibel

frech

aber nur die Jungen. Die älteren Mädchen dagegen beklagen sich nur darüber (vgl. Z. 8 f.).

Gerade dem anderen Geschlecht möchte Christian eigentlich gefallen, was ihm aber nicht gelingt. Als er ein Mädchen namens Hannchen umwirbt, weist diese ihn anfangs ab (vgl. Z. 26 f.). Aber er lässt sich nicht entmutigen und sucht nach einem anderen Weg, um sie für sich zu gewinnen. Weil er weiß, dass sie arm ist, will er sie durch Geschenke für sich einnehmen. Dieser Plan zeigt, wie gering Christian sich selbst einschätzt: Er weiß, dass er mit seinem Äußeren ihre Gunst nicht erlangt. Offenbar glaubt er aber auch nicht daran, die junge Frau durch seine Persönlichkeit und seinen Charakter für sich einnehmen zu können. Er hat also keine besonders hohe Meinung von sich selbst.

Die Verwirklichung seines Plans ist allerdings schwierig, da er selbst arm ist („ihn selbst drückte Mangel", Z. 33). Sein vergebliches Bemühen darum, hübsch auszusehen („der eitle Versuch, seine Außenseite geltend zu machen", Z. 33–35), hat seine finanzielle Lage noch verschlechtert. Weil er zudem geschäftlich unerfahren ist („unwissend, einem zerrütteten Hauswesen durch Spekulation aufzuhelfen", Z. 37–39) und auch „zu stolz" (vgl. Z. 39 f.), zu „bequem" (Z. 37) und „zu weichlich" (Z. 40), um sich seinen Lebensunterhalt durch harte Arbeit als Bauer zu verdienen, schlägt er einen illegalen Weg ein, indem er zum Wilddieb wird. Den Erlös des verkauften Wildes nutzt er, um davon Geschenke für Hannchen zu kaufen („der Ertrag seines Raubes wanderte treulich in die Hände seiner Geliebten", Z. 49–51).

Zwar ist er nicht der Einzige, der den „Ausweg, *honett zu stehlen*" (Z. 46 f.) wählt, genauso machten es auch „Tausende vor ihm und nach ihm" (Z. 44 f.). Durch die Intrigen eines Konkurrenten aber, der ebenfalls um Hannchen wirbt, wird Christian Wolf verhaftet und zu einer Gefängnisstrafe verurteilt. Diese verbüßt er je-

möchte gefallen

erfährt Zurückweisung

lässt sich nicht schnell entmutigen

geringes Selbstbewusstsein

arm

geschäftlich unerfahren

stolz, bequem, weich, nicht bereit, hart zu arbeiten

wird kriminell

Wilderei allgemein üblich

wird Opfer einer List

doch nicht, sondern kauft sich frei. Damit ist er wieder arm, ein „Bettler" (Z. 78), von dem Hannchen sich erneut abwendet.

kauft sich frei

wieder arm → erneute Zurückweisung

Aus Not, Eifersucht und gekränktem Stolz fängt er schließlich wieder an zu wildern. Diesmal ist das Motiv seines Handelns aber nicht, ein Mädchen für sich zu gewinnen, sondern die Armut zwingt ihn fast dazu, denn er leidet Hunger (vgl. Z. 84 f.). Christian hat außerdem keine Kontrolle mehr über seine übermächtigen Gefühle. Da er empfindlich ist (vgl. Z. 84), leidet er ganz besonders, und er verspürt den Drang, sich zu rächen.

Not und Kränkung führen wieder zur Kriminalität

impulsiv, keine Kontrolle über Gefühle, Rachegelüste

Christian Wolf ist von Anfang an benachteiligt. Er ist nicht nur auffallend hässlich, sondern wächst auch in ärmlichen Verhältnissen auf und wird früh Halbwaise. Aufgrund seiner Hässlichkeit erfährt er überall nur Zurückweisung. Es verwundert daher nicht, dass sein Selbstwertgefühl gering ist. Der kriminelle Weg, den er einschlägt, ist zwar der falsche und man kann es ihm zum Vorwurf machen, dass er nicht zu harter Arbeit bereit ist. Bedenkt man aber, wie sehr sich Christian Wolf nach Zuwendung und Anerkennung sehnt, kann man sein Verhalten zumindest nachvollziehen, zumal die Wilderei in der Gegend sogar allgemein üblich ist. Dass er erwischt und bestraft wird, hat er der Gemeinheit eines anderen zu verdanken. Der Protagonist ist also sowohl Täter als auch Opfer, wie schon sein Name andeutet: Christian verweist auf das Christentum, der Wolf gilt als böses Tier. Es steckt also beides in ihm: das Gute und das Böse.

Schluss:
Zusammenfassende Beurteilung:

geringes Selbstwertgefühl

Verhalten nachvollziehbar wegen großem Wunsch nach Anerkennung

ist sowohl Täter als auch Opfer → gut und böse

Ü 35: „Nebenjobs für Schüler" – Ein Argument ausformulieren

These	Es ist nicht gut, wenn Schüler nachmittags einen Nebenjob an-
Begründung	nehmen. Denn dann können sie sich weniger intensiv auf die
	Schule konzentrieren. Nach sechs bis acht Stunden Unterricht
Veranschaulichung	sind die Jugendlichen ohnehin erst einmal erschöpft. Doch dann
durch Beispiele	warten noch weitere Pflichten auf sie: Es müssen in der Regel
	Hausaufgaben gemacht werden und vielleicht erwarten die Eltern
	auch Hilfe im Haushalt. Wenn ein Schüler zusätzlich arbeitet, um
Weitere Erläu-	Geld zu verdienen, besteht die Gefahr, dass ihm diese Zeit und
terungen zur	Energie fehlen, wenn es ums Lernen für die Schule geht. Darunter
Begründung	leiden dann möglicherweise seine Leistungen, und im schlimms-
	ten Fall ist sogar der Schulabschluss gefährdet. Jugendliche soll-
Schlussfolgerung /	ten also besser keinen Nebenjob annehmen, solange sie noch die
Bekräftigung	Schule besuchen.

Ü 36: „Strafe für Eltern von Schulschwänzern?" – Stellungnahme schreiben

Ich finde es nicht richtig, wenn Eltern, deren Kinder die Schule schwänzen, das Kindergeld entzogen wird. Das wäre der falsche Weg – und er würde nichts bewirken.

Einleitung:
Benennen der eigenen Position

Zwar sind tatsächlich in erster Linie die Eltern dafür verantwortlich, dass ihre Kinder die Schulpflicht erfüllen, und der Staat kann deshalb nur ihnen gegenüber aktiv werden. Ich kann mir allerdings nicht vorstellen, dass es Väter oder Mütter gibt, die bewusst gegen diese Pflicht verstoßen. Dabei geht es nicht so sehr um die Erfüllung einer Pflicht – auch wenn das Gesetz es so bestimmt –, sondern darum, dass der Schulbesuch für die persönliche Entwicklung extrem wichtig ist. Welcher Erwachsene würde es also darauf anlegen, die eigenen Kinder vom Unterricht fernzuhalten und ihnen damit langfristig zu schaden? Wahrscheinlicher ist, dass ein Kind anfängt zu schwänzen, weil es Probleme hat – z. B. mit Lehrern, Mitschülern oder Eltern. Durch Geldstrafen lassen sich solche Probleme nicht lösen.

Hauptteil:
Entkräften eines möglichen Arguments der Gegenposition (zu Stichpunkt Nr. 9)

Viel wichtiger wäre es herauszufinden, welches die Gründe sind, die einen Schüler dazu bringen, die Schule zu schwänzen. Es kann z. B. sein, dass ein Kind in der Schule gemobbt wird und sich nicht traut, mit seinen Eltern darüber zu reden, weil es sich vielleicht dafür schämt, Mobbingopfer zu sein. Um seinen Peinigern nicht weiter ausgesetzt zu sein, vermeidet es dann den Besuch der Schule. Vor seinen Eltern hält der Betreffende dies aber geheim, denn sie sollen nichts von den Proble-

Erstes Argument (zu Stichpunkt Nr. 3)

men mit den Mitschülern erfahren. Würde man diesen Eltern nun das Kindergeld entziehen, dann hätte das Kind doppelte Schwierigkeiten: Zu den Problemen mit den Mitschülern kämen noch die Probleme mit den Eltern hinzu. Die Lage wäre also nicht entschärft, sondern verschlimmert.

Eine bessere Alternative wäre es deshalb auch, wenn der Klassenlehrer oder die Klassenlehrerin die betroffenen Eltern kontaktieren würde. Dabei darf sich der Kontakt allerdings nicht darin erschöpfen, den Eltern einen Brief nach zu Hause schicken und ihnen so mitzuteilen, dass ihr Kind mehrmals unentschuldigt gefehlt hat. Dies würde vermutlich nicht viel ändern. Zwar würde es daraufhin wohl zu einem Gespräch zwischen Eltern und Kind kommen. Aber es ist nicht zu erwarten, dass das Kind sein Verhalten daraufhin unmittelbar ändert; bei der nächsten Gelegenheit wird es dem Unterricht wahrscheinlich wieder fernbleiben. Das bessere Vorgehen wäre ein intensives persönliches Gespräch der Lehrkraft mit den Eltern und evtl. auch mit dem Schüler oder der Schülerin, um gemeinsam nach den Gründen für das Schulschwänzen zu forschen und um möglichst Abhilfe zu schaffen. Das wäre wirkungsvoller als der Entzug des Kindergeldes.

Zweites Argument (zu Stichpunkt Nr. 4)

Zudem stellt sich die Frage, ob die Forderung des Kindergeldentzugs überhaupt durchsetzbar ist. Denn eine solche Strafe würde die betroffenen Eltern nicht gleichermaßen treffen. Wohlhabende Eltern dürften eine Streichung des Kindergelds vermutlich gut verkraften. Für arme Haushalte hingegen ist das Kindergeld oft eine wichtige finanzielle Einkunft, die hilft, den Lebensunterhalt der Familie zu sichern. Wenn dies gestrichen würde, hätten alle Familienmitglieder darunter zu leiden, also beispielsweise auch Geschwisterkinder, und nicht nur die Eltern, die auf diese Weise bestraft werden sollten, weil ihr Kind nicht regelmäßig zur Schule geht. Es ist also fraglich, ob man diese Maßnahme rechtlich durchsetzen könnte, da sie gegen den Gleichheitsgrundsatz verstößt. Den Schulschwänzern wäre mit juristischen Streitigkeiten jedenfalls nicht geholfen.

Drittes Argument (zu Stichpunkt Nr. 7)

Aus diesen Gründen plädiere ich dafür, Schüler, die regelmäßig dem Unterricht fernbleiben, auf andere Weise wieder an den Schulbesuch heranzuführen. Ich denke, dass die wenigsten Schulschwänzer grundlos einen Bogen um die Schule machen, wo sie ja z. B. auch ihre Freunde treffen. Entscheidend ist deshalb in meinen Augen, die Gründe für das Schwänzen aufzudecken und dann eine Lösung zu finden. Den Eltern das Kindergeld zu entziehen halte ich für keine hilfreiche Maßnahme.

Ergebnis: Bekräftigung der eigenen Position

Ü 37: „Kinderarbeit" – Einen informierenden Text verfassen

Schreibplan:

Zwischen-überschriften	Einzelinformationen	Material/ Quellen
Einleitung Hinführung (Beispiel, Definition)	Kinderarbeit heute, z. B. Schuhputzer in Indien • Arbeit von Kindern unter 15 Jahren • regelmäßiges Arbeiten für Geld	M 3 M 1 M 1
Hauptteil (1) Verbreitung und Häufigkeit	• überwiegend in Entwicklungsländern, vor allem in Lateinamerika und Afrika, im Nahen Osten sowie in Asien • 168 Millionen Kinderarbeiter weltweit (im Alter von 5–17 Jahren) • 85 Millionen davon gehen gefährlicher Arbeit nach • größte Anzahl arbeitender Kinder in Asien und im Pazifikraum: 77,7 Millionen • Anteil mit 21,4 % in Afrika südlich der Sahara mit Abstand am größten	M 4 M 4 M 4 M 4 M 4
Hauptteil (2) Ursachen	• Armut, wirtschaftliches Ungleichgewicht in der Welt (Beispiel Schuhputzer in Indien) • Eltern oft verschuldet, Kinder auch „Schuldknechte" • Kinder müssen Eltern unterstützen • kulturell bedingt: Arbeit wird von Kindern erwartet (als Zeichen der Dankbarkeit) • Bürgerkriege, Krankheiten → Kinder oft Waisen, müssen sich allein durchschlagen	M 5, M 3 M 5 M 3, M 5 M 5 M 5
Hauptteil (3) Folgen	• gesundheits- oder sogar lebensgefährlich • kein Schulbesuch → mangelnde Bildung, keine Berufsausbildung • keine Zukunftsperspektive, da kein Entrinnen aus der Armut	M 2, M 4 M 2, M 3, M 5 M 5

Hauptteil (4) Mögliches Vorgehen	• Engagement von Hilfsorganisationen vor Ort, Alternativen/Perspektiven bieten	M 2, M 6
	• Verbraucherverhalten: beim Einkauf auf Fair-Trade- oder Sozialsiegel achten	M 6
	• Großverbraucher wie Betriebe, Vereine etc. sensibilisieren	M 6
Schluss Appell	Bitte an Eltern, künftig beim Einkaufen auf Produktionsbedingungen von Waren zu achten, möglich: Preiserhöhungen; Was ist wichtiger: niedrige Preise oder Rechte von Kindern?	M 6

Kind sein – das bedeutet für die meisten von uns: in einer Familie leben, Zeit zum Spielen haben, sich mit Freunden treffen. Doch die Wirklichkeit sieht für viele Kinder anders aus, und zwar weltweit. Ihr Alltag besteht aus Arbeit. Tag für Tag sind sie in der Landwirtschaft oder in der Industrie tätig oder sie erbringen Dienstleistungen, z. B. indem sie als Schuhputzer schuften.

Einleitung:
Vorstellungen vom Kindsein – Realität: weltweit Kinderarbeit

Man spricht von Kinderarbeit, wenn Kinder unter 15 Jahren regelmäßig einer Erwerbsarbeit nachgehen. Entscheidend ist dabei nicht nur das Alter; von Bedeutung sind vor allem die Häufigkeit des Arbeitens und der Zweck. Kinderarbeiter arbeiten regelmäßig, also Tag für Tag, und sie tun es, um Geld zu verdienen. Oft helfen sie dabei, Produkte herzustellen, die später auf dem Weltmarkt verkauft werden. Man weiß z. B., dass manche Teppiche von Kinderhand geknüpft sind.

Hauptteil (1):
Definition von Kinderarbeit

regelmäßiges Arbeiten Zweck: Geld verdienen

Kinderarbeit gibt es vor allem in Entwicklungsländern, das heißt in Asien, dem Nahen Osten, Afrika und Lateinamerika. Weltweit müssen über 168 Millionen Kinder und Jugendliche arbeiten, 85 Millionen davon sogar unter gefährlichen Bedingungen. Dazu gehören bereits Kinder im Alter von fünf Jahren. Die größte Zahl an Kinderarbeitern findet man in Asien und im Pazifikraum (77,7 Millionen). Gemessen an allen Kindern und Jugendlichen, die in diesen Regionen leben, macht das einen Anteil von 9,3 Prozent aus. Im Vergleich zu Afrika ist das allerdings noch eine recht geringe Zahl. Dort, genauer gesagt, südlich der Sahara, beträgt der Anteil der Kinder, die arbeiten, sogar 21,4 Prozent. In diesem Teil Afrikas geht also mehr als jedes fünfte Kind aus Erwerbsgründen arbeiten.

Hauptteil (2):
Wo es Kinderarbeit gibt:
vor allem in Entwicklungsländern
Häufigkeit von Kinderarbeit:
mehr als 168 Mio. weltweit, größter Anteil in Afrika

Freiwillig geschieht das bei den meisten Kindern nicht, sondern sie arbeiten aus der Not heraus. Ihre Eltern sind oft so

Hauptteil (3): Ursachen von Kinderarbeit

arm, dass sie ihre Familie von dem Geld, das sie mit ihrer eigenen Arbeit verdienen, nicht ernähren können. In Südostasien kommt es auch vor, dass Eltern hoch verschuldet sind; dann müssen ihre Kinder mitarbeiten, um diese Schulden nach und nach abzubezahlen. Eine solche „Schuldknechtschaft" kann von Generation zu Generation weitergegeben werden.

Kinderarbeit kann auch kulturelle Hintergründe haben. In einigen Gegenden erwarten Eltern einfach von ihren Kindern, dass diese arbeiten, um sie zu unterstützen und so ihre Dankbarkeit zu zeigen. In anderen Ländern wiederum, in denen Bürgerkrieg herrscht oder in denen die Krankheit Aids verbreitet ist, sind viele Kinder Waisen. Sie müssen sich dann selbst durchschlagen und sind deshalb gezwungen zu arbeiten.

auch kulturell bedingt

*Bürgerkriege, Aids →
auf sich gestellte
Waisenkinder*

Die Folgen des täglichen Arbeitens für die Kinder sind fatal: Zunächst einmal kann die Gesundheit der Kinderarbeiter geschädigt werden. Viele Arbeiten, die von Kindern ausgeführt werden, gelten als gefährlich. Weltweit gehen 85 Millionen Kinder einer solchen gefährlichen Tätigkeit nach.

Hauptteil (4):
*Folgen von Kinderarbeit:
Gesundheitsschäden,
Gefahr*

Ein weiteres Problem ist, dass arbeitende Kinder nicht zur Schule gehen können. Das führt dazu, dass sie keinen Schulabschluss bekommen und anschließend auch keine richtige Berufsausbildung machen können. So setzt sich die Armut in den Familien immer weiter fort: Ohne Ausbildung können die Kinder später als Erwachsene nur einfache Arbeiten ausführen, die schlecht bezahlt werden, und bleiben arm.

*kein Schulbesuch,
keine Berufsausbildung
→ Armut setzt sich
fort*

Einige Hilfsorganisationen wie z. B. „terre des hommes" engagieren sich vor Ort dafür, dass Kinderarbeit abgeschafft wird. Sie wollen z. B. erreichen, dass die Einhaltung von Gesetzen, die Kinderarbeit verbieten, besser überwacht wird, oder sie gründen Schulen.

Hauptteil (5):
*Vorgehen gegen
Kinderarbeit:
Engagement von
Hilfsorganisationen*

Auch in Europa haben Verbraucher die Möglichkeit, etwas gegen Kinderarbeit zu tun: Sie können beim Einkaufen darauf achten, dass die ausgewählten Produkte nicht von Kinderhand gefertigt wurden. Dabei helfen bestimmte Siegel, z. B. das Siegel „Fair Trade": Waren, die dieses Zeichen tragen, wurden unter fairen Bedingungen hergestellt und gehandelt, also ohne Mithilfe von Kinderarbeitern. Bei Artikeln, die kein Siegel tragen und die aus einem Entwicklungsland stammen, z. B. aus Burkina Faso, kann man den Geschäftsführer gezielt danach fragen, ob das Produkt nicht von Kinderarbeitern hergestellt wurde. Auf diese Weise macht man zumindest auf dieses Problem aufmerksam.

*Macht der Verbraucher: beim Einkauf auf
Fair-Trade-Produkte
achten, auf das Problem aufmerksam
machen*

Es wäre schön, wenn Sie alle künftig beim Einkauf etwas bewusster darauf achten würden, keine Produkte mehr zu kaufen, die aus Kinderhand stammen. Je mehr Kunden zeigen, dass sie nicht damit einverstanden sind, Kinder an der Herstellung von Waren zu beteiligen, umso eher kann es gelingen, Kinderarbeit zumindest einzudämmen. Es ist zwar möglich, dass dadurch die Preise einiger Produkte steigen, denn Kinderarbeiter werden besonders schlecht bezahlt, um die Herstellungskosten zu senken. Aber was ist wichtiger – Schnäppchenpreise oder Kinderrechte?

Schluss:
Appell an die Eltern: keine Produkte kaufen, die von Kindern hergestellt wurden

Ü 38: Reinhold Ziegler „Marathon" – Produktiv-kreative Texte schreiben

1. Tagebucheintrag:

Datum

Heute bin ich – wie so oft – mit Daniel gelaufen. Es war furchtbar – und am Ende doch gut für uns beide.

Daniel ist übers Wochenende bei uns zu Besuch. Heute Nachmittag saßen wir zusammen bei Kaffee und Kuchen. Die Stimmung war eigenartig. Wir kamen einfach nicht ins Gespräch miteinander. Allenfalls redeten wir über Belanglosigkeiten, z. B. übers Wetter. Das belastete mich.

Also fragte ich Daniel, ob wir gemeinsam laufen gehen sollten. Er stimmte sofort zu und schlug, ohne lange nachzudenken, einen Marathon vor. Ich habe zwar keine Übung im Marathonlauf, war aber einverstanden. Schließlich wollte ich mich nicht lumpen lassen. Immerhin bin ich mein Leben lang gelaufen, da werde ich auch eine Marathonstrecke schaffen, dachte ich. Los ging's also.

Was ich mal wieder typisch fand: Daniel kam einfach nicht ins Tempo, zuckelte von Anfang an gemütlich hinter mir her. Meine Güte!, dachte ich. Kann er nicht mal ein bisschen zulegen? Immer wieder schaute ich mich nach ihm um und rief ihm wie üblich meine Ermunterung zu: Auf, auf! Aber Daniel blieb völlig ungerührt und behielt sein gemächliches Tempo bei. Kein Wunder, dass er sich nicht für Olympia qualifizieren konnte!, dachte ich bei mir.

Dann aber, nach einigen Kilometern, merkte ich, wie das Laufen nicht mehr so leicht ging. Meine Kräfte ließen nach, die Füße kamen mir vor wie Blei und mir blieb die Puste weg. Bloß keine Schwäche zeigen!, sagte ich mir und quälte mich weiter. Um von mir abzulenken – und weil ich sicher war, dass auch Daniel bald nicht mehr konnte –, forderte ich ihn auf vorauszulaufen. Das tat er zu meiner Verblüffung auch. Wie selbstverständlich zog er an mir vorbei. Doch damit nicht genug: Er zog auch noch das Tempo an. Das konnte doch nicht sein! Da zuckelte er die ganze Zeit hinter mir her und legte dann plötzlich los, zu einem Zeitpunkt, als ich schon fix und fertig war!

Dann fiel mir wieder ein, dass er sich ja seit einiger Zeit auf Marathon spezialisiert hatte. Er hat ja wirklich was drauf, dachte ich ein bisschen überrascht, während ich krampfhaft versuchte, mit ihm mitzuhalten. Keuchend schleppte ich mich hinter ihm her, aber der Abstand zwischen uns wurde immer größer ... Irgendwann konnte ich es nicht mehr verhindern: Ich fing ich an zu taumeln – und klappte dann auf der Wiese zusammen. Es kam mir vor, als wäre ich kurz vorm Sterben.

Während ich dalag, kamen mir die schlimmsten Gedanken. Hatte Daniel etwa genau das beabsichtigt, meinen Zusammenbruch? Zwar stützte mich, als ich mich erbrach, aber er wirkte dabei so ungerührt. Er sah mich nur so seltsam an, fast wie einen Fremden. Was war los mit ihm?

Plötzlich dämmerte es mir: Er hatte den Spieß umgedreht! Hatte es mir einmal zeigen, mich demütigen wollen! Wahrscheinlich, weil ich ihn immer wieder zum Laufen gedrängt hatte und weil er am Ende doch nicht erfolgreich war. Wahrscheinlich hatte er eine richtige Wut auf mich, weil ich es gewesen war, der ihn zum Laufen gebracht hatte, und weil es ihm jetzt so vorkommen musste, als ob alle seine Anstrengungen vergeblich waren. Womöglich hasste er mich sogar.

Als ich allmählich wieder Luft kriegte, fragte ich ihn ganz direkt: So sehr hasst du mich? Gleichzeitig fürchtete ich mich vor seiner Antwort. Nicht mehr, sagte er nur.

Lange saßen wir schweigend dort auf der Wiese. Aber dann kamen wir doch noch ins Gespräch, ganz allmählich. Und auf einmal brach es richtig aus ihm heraus: dass er es immer gehasst habe, laufen zu müssen, dass er dazu gar keine Lust gehabt habe, dass er es nur meinetwegen getan habe, dass er nicht gut als Läufer sei, dass er nun endgültig mit dem Laufen aufhören werde, dass sein Leben verpfuscht sei usw.

Das war ein Schock! Ich hatte doch nur sein Bestes gewollt. Ich hatte doch gespürt, wie begabt der Junge war, wollte, dass er sein Potenzial nutzte. Und jetzt das!

Irgendetwas habe ich wohl falsch gemacht. Habe ich vielleicht mehr an mich gedacht als an ihn? Wollte ich mich in seinem Erfolg sonnen? Immerhin hatte er ja durchaus Erfolge, als Vierzehnjähriger zum Beispiel, beim Fünftausendmeterlauf ... War ich so blind, all die Jahre? Warum hat er denn nicht früher etwas gesagt?

Klar ist: Ich muss noch einmal mit ihm reden. In Ruhe. Ich hoffe, er kommt nächstes Wochenende wieder. Dann setzen wir uns zusammen und sprechen uns aus. Und gelaufen wird dann nicht!

2. Persönlicher Brief:

Datum

Hallo Vater,

du glaubst nicht, wie froh ich bin, dass wir beide nach so langer Zeit endlich offen miteinander geredet haben!

Es tut mir echt leid, dass du gestern so leiden musstest. Ich will ehrlich sein: Ja, ich hatte es darauf angelegt, dich zu quälen. Ich wollte dir einfach mal zeigen, wie es ist, wenn man tun muss, was ein anderer will, auch wenn man das eigentlich gar nicht möchte.

Im Nachhinein weiß ich, dass es falsch war, dich so herauszufordern. Es war mir schon klar, dass du einen Marathon gar nicht schaffen konntest. Erstens bist du nicht mehr der Jüngste, und zweitens hast du nie auf Marathon trainiert. Das konnte nur schiefgehen. Aber das wollte ich ja auch.

Heute geht mir das Bild von dir auf der Wiese nicht aus dem Sinn. Ich sehe dich vor mir: mit hochrotem Kopf, fix und fertig. Glaub mir: *Das* habe ich nicht gewollt.

Du fragtest mich dann ganz plötzlich, ob ich dich so sehr hassen würde, und du weißt, dass ich „Nicht mehr" antwortete. Das klingt so, als hätte ich dich früher immer gehasst. Inzwischen habe ich noch einmal darüber nachgedacht, und ich muss sagen, dass das nicht richtig ist. Gehasst habe ich nur das Laufen, zu dem du mich immer gedrängt hast. Dabei hatte ich die ganze Zeit das Gefühl, dass es dir gar nicht um mich ging, sondern eher um dich. Anderen hast du regelmäßig von meinem Talent erzählt. Voller Stolz. Und hast mich spüren lassen, was du von mir erwartetest: Ich sollte als Leistungssportler Karriere machen, sollte bei Olympia mitmachen, Siege einfahren. Der Druck, den du so aufgebaut hast, war riesig. Ich war schließlich noch ein Kind!

Mein Leben lang war ich in einem Dilemma: Auf der einen Seite hatte ich keine Lust zum Laufen. Es macht mir einfach keinen Spaß. Und ich ahnte irgendwie, dass ich darin nicht gut war. Auf der anderen Seite du: mit deinen unglaublich hohen Erwartungen, mit deinem unerschütterlichen Glauben an meine künftigen Erfolge. Ich hätte sie dir gerne verschafft. Ich wünschte mir ja deine Anerkennung.

Wie schön war es, von dir gelobt zu werden bei meinem Sieg im Fünftausendmeterlauf, damals, als ich vierzehn war! Du warst so stolz auf mich. Wie hätte ich da sagen können: „Ich will nicht mehr laufen"? Ich wollte dich nicht enttäuschen, also habe ich weitergemacht … Selbst nach der verpatzten Olympiaqualifikation blieb ich dabei. Ich stieg auf Marathon um und war tatsächlich gar nicht so schlecht darin – aber eben auch nicht so gut, dass es für eine Profikarriere reichte.

Jetzt stehe ich da und stelle fest, dass ich mein ganzes Leben aufs Laufen ausgerichtet habe. Wenn ich ehrlich bin, weiß ich gar nicht, was mich sonst noch interessieren könnte. Nur eins ist mir klar: Das Laufen ist nicht mein Ding! Ich höre ab sofort damit auf. Ich will noch einmal von vorne anfangen, das Studienfach wechseln, einen Beruf erlernen, der mich interessiert. Warum ich dir das alles nicht früher gesagt habe? Ich war mir lange selbst nicht im Klaren darüber. Erinnere dich mal: Schon als Fünfjähriger musste ich ständig mit dir laufen: zum Bäcker, zum Einkaufen, abends mit dem Hund. Hast du das vergessen? Seit ich denken kann, redetest du mir ein, dass ich ein künftiger Sieger wäre, dass ich nur hart genug trainieren müsste, um es zu schaffen … Ich kam gar nicht auf die Idee, etwas anderes zu tun oder zu wollen, als das, was du mir eingeredet hast!

Aber genug damit! Jetzt endlich weißt du, was ich dir schon längst sagen wollte und wie es mir tatsächlich geht. Und ich glaube, das tut uns beiden gut. Denn das habe ich gestern Abend schon gemerkt: Wenn das Laufen nicht mehr zwischen uns steht, kommen wir einander näher.

Ich werde am nächsten Wochenende noch einmal zu euch kommen, damit wir Zeit haben, noch mal in Ruhe miteinander zu reden. Und dieses Mal freue ich mich auch auf den Besuch!

Bis bald, liebe Grüße

Daniel

Ü 39: Reinhold Ziegler „Marathon" – Geschickt formulieren

Überarbeitete Textstellen sind grau hinterlegt.

Von da an hat sich die Beziehung zu meinem Vater vollkommen geändert. ~~Das heißt nicht, dass wir nicht mehr zusammen gelaufen sind.~~ ~~Natürlich sind wir weiter zu-~~ ~~sammen gelaufen, denn~~ Zwar laufen wir weiter zusammen, denn daran waren wir gewöhnt, solange ich zurückdenken kann. Das Problem war nur, dass wir sonst fast nichts zusammen ~~gemacht~~ unternommen haben. Vor allem haben wir nie richtig miteinander geredet, jedenfalls nicht über ~~Zeug, das uns bewegt hat~~ Themen, die uns bewegten. Ich erinnere mich eigentlich nur an das ewige „Auf, auf!", mit dem mein Vater mich immer antrieb~~, und daran~~. Ich werde nie vergessen, dass er mir immer einzureden versuchte, eine Olympiahoffnung zu sein. Jetzt erst verstehe ich, dass mein Vater im Grunde gar keine Probleme mit mir hatte, ~~dadurch~~ sondern mit sich selbst. Es ging nie wirklich darum, dass ich nicht die Erfolge erzielte, die er sich gewünscht hätte~~, sondern er~~ ~~hatte Probleme mit sich selbst~~. Irgendwann hatte er schlagartig begriffen, dass er keinen Sinn in seinem Leben sah, …

	guter Einstieg!
	doppelte Verneinung
	unschön
	Tempus: Warum Perfekt?
	Wiederholung („zusammen gelaufen")
	Ausdruck: besser treffendere Wortwahl
	Ausdruck: Umgangssprache
	Tempus: Warum Perfekt?
	Hier besser neuen Satz anfangen, sonst zu lang.
	Unübersichtliche Satzkonstruktion, bitte auf zwei Sätze aufteilen.
	Wiederholung („Probleme")
	gute Formulierung

Ü 40: Reinhold Ziegler „Marathon" – Zitate gezielt einsetzen

1. a) Mit dieser Aussage drückt der Ich-Erzähler aus, dass er die anderen Läufer weniger als Konkurrenten denn als Leidensgenossen gesehen hat. In seinen Augen haben sie alle eines gemeinsam gehabt: Sie <u>mussten</u> laufen – und das musste ihnen auch noch Spaß machen. Das ist eigentlich ein Widerspruch: Spaß kann man nicht erzwingen. Entweder kommt er von selbst – oder es gibt ihn nicht.

   b) Anscheinend sind die Medien davon ausgegangen, dass der Ich-Erzähler nach seinem Sieg im Fünftausendmeterlauf nur noch Erfolge haben würde, denn sie haben ihm eine große Karriere als Läufer vorausgesagt. Sie haben ihn sogar schon als Teilnehmer der Olympischen Spiele gesehen und haben offensichtlich erwartet, dass er auch dort einen Sieg einfahren würde.

c) Die Fremdheit, die der Ich-Erzähler daheim bei seinen Eltern empfindet, ist darauf zurückzuführen, dass die entscheidenden Probleme unausgesprochen bleiben. Er weiß, dass er seinen Vater enttäuscht hat, weil er sich nicht für Olympia qualifizieren konnte. Aber er schafft es nicht, das zur Sprache zu bringen. Auch seine früheren Erfolge mag er nicht ansprechen. So steht sein Misserfolg wie eine Barriere zwischen ihm und seinen Eltern, und er fühlt sich fremd bei ihnen.

2. a) „Ob ich meinen Vater schon hasste, als ich auf die Welt kam, bezweifle ich." (Z. 1 f.)

   b) „Und dann mein Vater, wie er zu anderen redete: ‚Der Junge hat Talent', höre ich. ‚Aus dem wird mal was', höre ich." (Z. 41–43)

   c) „Komm, lass uns laufen, sagte mein Vater, noch immer, ohne zu begreifen, wie sehr ich auch diesen Satz hasste." (Z. 128–130)

   d) „Ich wollte ihn umbringen, wollte ihn winseln hören, wollte seine Ausflüchte hören […]" (Z. 150–152)

   e) „Ich drehte ihn um, stützte ihm die Stirn, verschaffte ihm mehr Luft." (Z. 178–180)

3. Vater und Sohn sind einander am Schluss nähergekommen. Die letzten Worte des Ich-Erzählers lauten: „Dann trabten wir zurück. Ganz ruhig, fast gelassen. Nebeneinander." (Z. 199–201) Damit bringt er zum Ausdruck, dass sich das Verhältnis zwischen ihm und seinem Vater geändert hat. Jetzt sieht er seinen Vater nicht mehr als denjenigen an, der ihn ständig antreibt, denn dieser läuft nicht mehr voraus und ruft ihm nicht mehr sein „Auf, auf!" zu. Stattdessen sagt der Ich-Erzähler, dass die beiden „ruhig, fast gelassen" nach Hause traben, und zwar nicht hintereinander, sondern nebeneinander. Endlich begegnen sie sich also auf Augenhöhe; der Sohn fühlt sich seinem Vater ebenbürtig.

Ü 41: Richtig schreiben

1.

lächeln	lachen		Behälter	halten
Hem**d**	Hem**d**en		Fähre	fahren
kräftig	Kraft		Gestan**k**	stin**k**en
Lo**b**	lo**b**en		Dan**k**	dan**k**en
verständlich	verstanden		Gestal**t**	Gestal**t**en
belie**bt**	belie**b**ig		Länge	lang
Mu**t**	mu**t**ig		Stärke	stark
Stau**b**	stau**b**ig		Lei**d**	lei**d**en
Kränkung	krank		Bar**t**	(die) Bärte
Tra**b**	tra**b**en		bestre**bt**	stre**b**en

2.

	Rechtschreibstrategie
a) ~~Marote~~ – Marotte	auf Vokallänge achten: Doppelkonsonant nach kurz gesprochenem Vokal; *oder:* Silbentrennung (Marot-te)
b) bunt – ~~bund~~	Wort verlängern: durch Steigerung (bunt**er** → bun**t**) oder Attribuierung (ein buntes Hemd)
c) ~~blüen~~ – blühen	Silbentrennung (blü-hen); *oder:* nach einem langen Vokal ist ein kurzer zu hören → silbentrennendes h
d) Gehäuse – ~~Geheuse~~	Wortstamm ermitteln bzw. verwandtes Wort suchen: H**au**s
e) Mücke – ~~Mükke~~ – ~~Müke~~	auf Vokallänge achten: Doppelkonsonant nach kurz gesprochenem Vokal; **k** wird bei der Verdoppelung zu **ck**
f) ~~Raup~~ – Raub	verwandtes Wort suchen aus derselben Wortfamilie: rau**b**en

Ü 42: „Einfache Mittel verbessern …" – Rechtschreibregeln anwenden

[…] Fussgänger zeigen ein viel komplexeres verhalten als Autofahrer.

Fußgänger: stimmloser s-Laut nach lang gesprochenem Vokal
ein … Verhalten: Großschreibung eines Nomens

Das entstehen spontaner Staus auf dicht befarenen Autobahnen kann man inzwischen sehr gut erkleren: Ein einziger unaufmerksamer Fahrer, der plözlich stark bremmst, genügt. Fußgänger sind im vergleich dazu deutlich schwiriger zu modellieren.

Das Entstehen: nominalisiertes Verb
befahrenen: Wortstamm „fahr-"
erklären: Wortstamm „klar"

plötzlich: tz nach kurz gesprochenem Vokal;
bremst: kein Doppelkonsonant vor weiterem Konsonanten;
im Vergleich: Großschreibung eines Nomens (der Vergleich);
schwieriger: langer i-Laut in der Regel als „ie" zu schreiben

Menschen laufen nicht in fessten Spuren, bleiben auch gern mal Stehen, wechseln spontan die richtung und versuchen, großem Gedrenge aus dem Weg zu gehen. Je genauer Wissenschaftler Pasanten simulieren können, umso besser lassen sich Gebeude, Kreuzfahrt Schiffe oder Bahnhöfe planen.

festen: kein Doppelkonsonant vor weiterem Konsonanten

bleiben … stehen: Kleinschreibung eines Verbs (stehen)
die Richtung: Großschreibung eines Nomens
Gedränge: wegen Wortstamm „Drang"

Passanten: Doppelkonsonant nach kurz gesprochenem Vokal
Gebäude: Wortstamm „bau-(en)"
Kreuzfahrtschiffe: ein Wort, weil damit nur eine Sache bezeichnet wird

Unnötiges Gedrenge oder gar Panik werden so vermiden. Modellrechnungen haben Beispielsweise gezeigt, dass einfache Mittel den „Durchfluss" an Not Ausgengen verbessern können.

Gedränge: s. o.
vermieden: langer i-Laut in der Regel als „ie" zu schreiben
beispielsweise: Kleinschreibung eines Adverbs

Notausgängen: ein Wort, da nur eine Sache/Bedeutung,
„Ausgänge" wegen Wortstamm „(Aus-) Gang"

Ein Pfeiler genükt, denn er spalltet die schibende Menschenmasse.

genügt: Grundform „genügen"
spaltet: kein Doppelkonsonant vor weiterem Konsonanten;
schiebende: langer i-Laut in der Regel als ie zu schreiben

So singt der Druck auf die Tür, durch die sich alle so schnell wie möglich zwengen wollen.

sinkt: Grundform „sinken"

zwängen: Wortstamm „Zwang"

Aber nicht immer ist der einzelne Spielball der wogenden Maße.

der Einzelne: Großschreibung eines Nomens (nicht bezogen auf „Spielball"); Masse: stimmloser s-Laut nach kurzem Vokal als ss zu schreiben

Bei entsprechend viel Platz kann sich ein Fußgänger nähmlich auch entscheiden, nach rechts oder lings auszuweichen, […].

nämlich: Wortstamm „Name"

links: verlängerbar zu „linke" (z. B. „der linke Weg")

Quelle: Holger Dambeck, SPIEGEL online, 7. 6. 2010; www.spiegel.de/wissenschaft/mensch/0,1518,699080,00.html

Ü 43: „Schotten leben gefährlich" – Kommaregeln kennen

In Schottland lebt einer neuen Studie zufolge fast jeder Erwachsene mit einem bedeutenden Gesundheitsrisiko, mehr als die Hälfte haben sogar drei oder mehr Risikofaktoren. *Satzreihe*

Die Forscher der Universität Glasgow untersuchten die fünf lebensgefährlichen Angewohnheiten Rauchen, Trinken, Bewegungsmangel, schlechte Ernährung und Übergewicht und fanden heraus, dass niemand es den Schotten bei deren Anhäufung gleichtut. „Schotten leben gefährlich", sagte David Conway, Leiter der jetzt veröffentlichten Studie. „Nur 2,5 Prozent der Bevölkerung tragen überhaupt keine Risikofaktoren", sagte Conway in einem Interview. *Aufzählung / Satzgefüge / wörtliche Rede / Apposition / wörtliche Rede*

Die im Wissenschaftsjournal „BMC Public Health" veröffentlichte Forschungsarbeit befasst sich mit einem neuen wissenschaftlichen Ansatz, bei dem nicht nur einzelne Risikofaktoren, sondern auch deren Anhäufung untersucht wird. *Satzgefüge / Gegensatz*

„Ungesunde Verhaltensweisen bündeln sich, die Kombination ist dabei synergetisch, dadurch steigt das allgemeine Risiko unverhältnismäßig an", bedauert Conway. [...] *Satzreihe / Satzreihe / wörtliche Rede*

Grundlage der Studie war eine staatliche Gesundheitsumfrage aus dem Jahr 2003, Daten lagen für 6 574 Männer und Frauen vor. Als gefährdet stuften die Wissenschaftler beispielsweise Menschen ein, die zum Zeitpunkt der Befragung rauchten, Männer, die mehr als 24 Gramm, und Frauen, die mehr als 16 Gramm Alkohol pro Tag zu sich nahmen. Als fettleibig galten Menschen mit einem Body-Mass-Index (BMI) von über 30. [...] *Satzreihe / Satzgefüge (eingeschobener Nebensatz)/Aufzählung*

Obwohl Conway mit einem wenig ermutigenden Ergebnis rechnete, wurde er vom Ernst der Lage doch überrascht. Mehr als 85 Prozent der Erwachsenen hatten mindestens zwei Risikofaktoren, 55 Prozent hatten sogar drei und fast ein Fünftel brachte es sogar auf alle fünf. Die am weitesten verbreitete Angewohnheit war es, sich schlecht zu ernähren [...]. Zehn Prozent der Befragten waren sowohl Raucher als auch starke Trinker, von diesen [...] hatten sich drei Viertel noch zwei oder drei weitere Risikofaktoren zugelegt. *Satzgefüge / Aufzählung / Satzreihe / Infinitivgruppe (angekündigt durch „es") / Satzreihe*

Als mögliche Ursachen werden soziale und wirtschaftliche Faktoren vermutet – Menschen aus den ärmsten Gegenden mit dem schlechtesten Bildungsstand lebten am ungesündesten. [...]

Quelle: AFP; www.n-tv.de/wissen/Schotten-leben-gefaehrlich-article917387.html

Kompetenz Sprachwissen und Sprachbewusstsein

Ü 44: Wortbedeutungen erklären und zuordnen

1. (gewaltsam) (durch)drängen, -schieben, -drücken, -pressen

    Hinweis: Du musst berücksichtigen, dass das Verb „zwängen" hier auf das Pronomen „sich" bezogen ist („sich zwängen").

2.

Fremdwort	deutsche Bezeichnung
a) komplex	vielfältig/vielschichtig
b) spontan	plötzlich/von selbst
c) Passant	Fußgänger
d) simulieren	nachahmen

3. Wenn man „jemandes Spielball ist", dann heißt das, dass man nicht mehr selbst bestimmen kann, was man tut. Jemand anderes macht mit einem, was er will. Man wird von ihm behandelt „wie ein Ball", den man beliebig hin- und herwerfen kann.

Ü 45: Wortbildung: Kompositum und Ableitung unterscheiden

	Ableitung	Kompositum
a) Waschmaschine	☐	☒
b) Verkauf	☒	☐
c) dunkelblau	☐	☒
d) Gewohnheit	☒	☐
e) begreifen	☒	☐

Hinweis: a) Zusammensetzung aus dem Verb „waschen" und dem Nomen „Maschine" b) Ver- (Präfix) + kauf (Wortstamm), c) Zusammensetzung aus den Adjektiven „dunkel" und „blau" d) Ge- (Präfix) + wohn (Wortstamm) + -heit (Suffix), e) be- (Präfix) + greif (Wortstamm), -en (Suffix)

Ü 46: Wortarten unterscheiden

Die **Digitalisierung** schreitet stetig voran. **Deutlich** wird das **überall**, auch in
    Nomen   Adjektiv   Adverb (1)

manchen Haushalten. In *Smart Homes* **können** die Bewohner **ihr** Leben in vielen
Pronomen (2)   Verb (3)   Pronomen (4)

Bereichen per Knopfdruck regeln. **In diesen** Häusern stehen **schon intelligente**
Nomen   Präposition Pronomen (5)   Adverb (6)   Adjektiv

Kühlschränke, **die** den Besitzern Bescheid geben, **wenn ein bestimmtes**
         Pronomen (7)   Konjunktion Artikel   Adjektiv

Lebensmittel fehlt. **Vieles** kann man **sogar** allein **mit** seiner Stimme regeln, z. B.
            Pronomen (8)   Partikel   Präposition

das **Einschalten** von Licht **oder das** Abspielen von Musik. Dafür **sorgen** Sprach-
       Nomen (9)   Konjunktion Artikel   Verb

assistenten wie **Alexa**. Allerdings sollte man das **Gerät lieber** ausschalten, falls
        Eigenname   Nomen Adverb (10)

man **es** nicht nutzen **will**. **Sonst** kann es passieren, **dass** das, was man sagt,
Pronomen (11)   Verb (12)   Adverb (13)   Konjunktion

außerhalb der eigenen **vier** Wände mitgehört **wird**. Das will **wohl** niemand.
Präposition Artikel   Adjektiv   Verb (14)   Partikel

✦ **Hinweis:** *1) „überall": Lokaladverb (Ortsbezeichnung); 2) „manchen": Indefinitpronomen (un-
bestimmte Menge); 3) „können": Modalverb; 4) „ihr": Possessivpronomen (besitzanzeigend);
5) „diesen": Demonstrativpronomen (hinweisend); 6) „schon": Temporaladverb (zeitliche Angabe);
7) „die": Relativpronomen (Bezugswort „Kühlschränke"); 8) „vieles": Indefinitpronomen (unbe-
stimmte Menge); 9) „(das) Einschalten": nominalisiertes Verb; 10) „lieber": Modaladverb (Grad
der Aussage); 11) „es": Personalpronomen (Stellvertreter für „das Gerät"); 12) „will": Modalverb;
13) „sonst": Modaladverb (Einschränkung); 14) „wird": Hilfsverb*

Ü 47: Den Kasus von Nomen bestimmen

a) die Geschenke:	**Nominativ** (Plural), **Akkusativ** (Plural)
b) den Löwen:	**Akkusativ** (Singular), **Dativ** (Plural)
c) der Frage:	**Genitiv** (Singular), **Dativ** (Singular)

Ü 48: „Krähen sind extrem clevere Werkzeugnutzer" – Die Kasus verstehen

Krähen können komplizierte Aufgaben[1] mit Hilfe von Werkzeugen lösen [...]. Wissenschaftler in Neuseeland haben mit einem Experiment[2] gezeigt, dass die Tiere ihre Hilfsmittel höchst strategisch zum Einsatz[3] bringen. Der Versuchsaufbau erinnert an ein Geschicklichkeitsspiel[4]: Um an die Belohnung[5] heranzukommen, muss man eine Kiste mit einem Loch[6] öffnen. Dafür braucht man einen langen Stock. Doch der liegt in einer Gitterbox[7]. Und nur mit Hilfe[8] eines zweiten, kleineren Stocks[9] lässt er sich dort herausmanövrieren. Dumm nur, dass dieses so dringend benötigte Hölzchen an einer Schnur von der Decke[10] hängt ... Um an Fleisch[11] zu kommen, können Geradschnabelkrähen [...] diese Aufgaben[12] jedoch durchaus bewältigen, wie Forscher [...] gezeigt haben.

1	Akkusativ; lösen
2	Dativ; mit
3	Dativ; zum
4	Akkusativ; an (ein)
5	Akkusativ; an (die)
6	Dativ; mit
7	Dativ; in (einer)
8	Dativ; mit
9	Genitiv; mit Hilfe
10	Dativ; von
11	Akkusativ; an (das)
12	Akkusativ; bewältigen

Quelle: Christoph Seidler/ddp, SPIEGEL Online 21.4.2010; www.spiegel.de/wissenschaft/natur/kognitive-faehigkeiten-kraehen-sind-extrem-clevere-werkzeugnutzer-a-690186.html

✎ **Hinweis:** Bei Präpositionen wie „in" und „an" hängt der Kasus, den sie fordern, von der Bedeutung ab: Wird Bewegung ausgedrückt (z. B.: wohin? in das Haus), folgt nach diesen Präpositionen der Akkusativ; wenn ein Zustand gemeint ist (z. B.: wo? in dem Haus), folgt der Dativ.

Ü 49: „Auch Haie haben Angst" – Verwendungsweisen von Adjektiven

Auch Haie haben Angst

Weiße Haie gelten als die Könige der Weltmeere. Doch	Attribut
Forscher haben nun erstaunt festgestellt, dass sich der	Adverb
große Meeresräuber wohl vor einem anderen Tier	Attribut
gehörig fürchtet: dem Orca.	Adverb
Indem sie die Haie mit GPS-Sendern ausstatteten, über-	
wachten die amerikanischen Wissenschaftler die Tiere	Attribut
ganz genau. Vor der Küste von San Francisco, wo die ge-	Adverb
fräßigen Raubfische häufig See-Elefanten jagen, konnten	Attribut
sie wichtige Erkenntnisse gewinnen. Orcas kommen hier	Attribut
nur ab und zu auf ihren weiten Wanderungen vorbei.	Attribut
Tauchten die Schwertwale jedoch auf, verließen die Haie	
schlagartig die Gewässer und flüchteten eilig hinaus aufs	Adverb; Adverb
offene Meer. Die weißen Haie haben solche Angst vor	Attribut; Attribut
den Orcas, dass sie auch nicht so schnell wieder zurück-	Adverb
kehrten: Oft trauten sie sich ein Jahr lang nicht mehr zu-	

rück in ihr <u>altes</u> Jagdrevier – und das, obwohl die Orcas meist schon nach einer Stunde wieder weiterzogen.   *Attribut*

Für die <u>jungen</u> See-Elefanten ist das Zusammentreffen der beiden Raubfischarten in ihrem Lebensraum ein Segen.   *Attribut*

Statt 40 Jungtieren erbeuteten die Haie in Jahren, in denen sich Orcas zeigten, nur noch <u>magere</u> 25 % davon.   *Attribut*

Ü 50: „Vom Startloch zum Startblock" – Pronomen bestimmen

Heute wäre es schwierig, Startlöcher in die modernen Kunststoff-Laufbahnen zu graben. Als die Leichtathleten noch auf Asche liefen, war <u>das</u> allerdings durchaus üblich, jedenfalls auf   *Demonstrativpron.*
den Kurzstrecken. Für <u>die</u> erfand der amerikanische Trainer   *Demonstrativpron.*
Mike Murphy 1887 den Tiefstart aus der Hocke.
Bei <u>diesem</u> Start bringt der Sprinter mehr Kraft auf die Bahn.   *Demonstrativpron.*
<u>Er</u> erreicht daher eine höhere Beschleunigung, allerdings besteht   *Personalpronomen*
auch die Gefahr, dass <u>ihm</u> dabei die Füße wegrutschen.   *Personalpronomen*
Deshalb war es üblich, dass die Sportler kleine Schäufelchen mit zum Rennen brachten und <u>sich</u> <u>ihre</u> individuellen Start-   *Reflexivpronomen,*
löcher gruben.   *Possessivpronomen*
<u>Das</u> war nicht nur den Platzwarten ein Dorn im Auge, <u>die</u>   *Demonstrativpron.;*
anschließend die Bahn wieder glätten mussten, die Sportler   *Relativpronomen*
konnten <u>sich</u> auch verletzen, wenn <u>ihr</u> Fuß am Rand des   *Reflexivpronomen;*
Startlochs hängen blieb. Es war wieder ein amerikanischer   *Possessivpronomen*
Trainer, George Bresnahan, <u>der</u> im Jahr 1927 den Startblock   *Relativpronomen*
zum Patent anmeldete – eine genial einfache Erfindung, <u>die</u>   *Relativpronomen*
<u>sich</u> bis heute nur unwesentlich verändert hat.   *Reflexivpronomen*
Aber die Mühlen der Sportbürokratie mahlen langsam. Während   *Reflexivpronomen*
<u>sich</u> die Startblöcke in den USA schnell verbreiteten,
betrachtete der internationale Leichtathletikverband IAAF
die Entwicklung mit Argwohn.
Zeitweise wurden zwei Weltrekorde geführt, mit und ohne
Blöcke. Bei den Olympischen Spielen in Berlin 1936 war
schließlich Jesse Owens der letzte Sprint-Olympiasieger, <u>der</u>   *Relativpronomen*
mit Schäufelchen zum Rennen ging und <u>seine</u> eigenen Start-   *Possessivpronomen*
löcher buddelte. Erst 1937 akzeptierte die IAAF die neue
Starthilfe.

Quelle: Christoph Drössler, in: Die Zeit vom 12. 5. 10; www.zeit.de/2010/20/Stimmts-Sprinter

✦ **Hinweis:** *Welcher Art von Pronomen die Wörter „der", „die" und „das" zugeordnet werden müssen, hängt von ihrer Verwendung im Satz ab.*

Ü 51: Die Konjugation von Verben verstehen

	Singular	Plural	über sich	über andere	zu jemandem
kommt	X	X		X	X
frage	X		X		
folgst	X				X
erscheinen		X	X	X	
sieht	X			X	
wissen		X	X	X	
vergesst		X			X
bleibt	X	X		X	X

✎ **Hinweis:** Die Formen „kommt" und „bleibt" können sich auf eine oder mehrere Personen beziehen (z. B. „er kommt": 3. Person Singular, „ihr kommt": 2. Person Plural). Das bedeutet zugleich, dass der Sprecher über jemanden sprechen kann – oder zu mehreren Personen. Deshalb müssen in diesen Zeilen insgesamt vier Kreuze gemacht werden. Die Formen „erscheinen" und „wissen" sind nur im Plural möglich. Es kann hier aber sein, dass mehrere Sprecher über sich selbst reden (z. B. „wir erscheinen": 1. Person Plural) oder, dass über mehrere Personen gesprochen wird (z. B. „sie erscheinen": 3. Person Plural). Deshalb müssen in diesen Zeilen drei Kreuze stehen. Imperativformen sind in der Tabelle nicht berücksichtigt.

Ü 52: „Die Broken-Windows-Theorie" – Die Tempora des Verbs bestimmen

Die Verwahrlosung eines Stadtviertels beginnt mit einer zerbrochenen Fensterscheibe, die niemand repariert. Das besagt die sogenannte „Broken-Windows-Theorie", die Stadtplaner vor Jahren in den USA entwickelt haben. Auch Müll, der auf dem Bürgersteig gelandet ist und einfach dort liegen bleibt, trägt dazu bei, dass eine Gegend verkommt. Eine Person, die durch eine solche Straße geht, sagt sich vielleicht: „Ich werde doch nicht den Dreck wegmachen, den andere verursacht haben!" Oder sie fügt den schon entstandenen Schäden oder Verunreinigungen noch weitere hinzu. Wahrscheinlich glaubt sie: „Auf mich kommt es ja nicht an. Andere haben ja auch schon ihren Unrat hinterlassen." So wird sie ihre leere Cola-Dose einfach fallen lassen. Und nach einiger Zeit wird das ganze Viertel heruntergekommen sein. Das Nachsehen haben die Bürger, die dort wohnen. Sie hatten sich ihr Leben dort bestimmt anders vorgestellt.

Präsens
Präsens; Präsens

Perfekt
Perfekt; Präsens
Präsens; Präsens
Präsens; Präsens; Futur I
Perfekt
Präsens

Präsens; Präsens
Perfekt
Futur I
Futur II
Präsens; Präsens
Plusquamperfekt

✎ **Hinweis:** Bei einigen Verben handelt es sich um trennbare Verben. Achte darauf, dass du beide Teile unterstrichen hast: „trägt … bei", „fügt … hinzu", „kommt … an".

Ü 53: Weltraumforschung – Aktiv und Passiv beherrschen

1. a) Rasante Fortschritte sind von der Weltraumforschung gemacht worden.
    b) Inzwischen werden schon Roboter von den Forschern zum Mars geschickt.
    c) Wichtige Informationen sollen von den Robotern gesammelt werden.
    d) Eines Tages wird der Mars von den ersten Astronauten angeflogen werden.

    ✐ **Hinweis:** *Satz a) steht im Perfekt, b) und c) stehen im Präsens, und bei Satz d) handelt es sich um das Tempus Futur I.*

2. Die russische Weltraumagentur Roskosmos und die europäische ESA (European Space Agency) haben ein Experiment organisiert: Sechs Männer werden für einen Zeitraum von 520 Tagen in einen Container eingesperrt. Während dieser langen Zeit verfolgen Kameras jeden ihrer Schritte. Die Aufzeichnungen werden zu Forschungszwecken genutzt. Auf diese Weise wird erprobt, welche Belastungen die Crewmitglieder während einer Expedition zum Mars ertragen müssen. Die Bedingungen im All inszenierten die Forscher möglichst real. Nur auf die Schwerelosigkeit wird verzichtet.

Ü 54: Den Konjunktiv richtig verwenden

1. Schüler Tom sagt, manchmal sei es im Unterricht so langweilig, dass er ständig gähnen müsse. Er wisse nicht, weshalb. Aber er könne das einfach nicht unterdrücken. Es überkomme ihn einfach. Komischerweise scheine Gähnen ansteckend zu sein. Denn kaum habe er damit angefangen, da würden seine Mitschüler es ihm nachmachen. Das finde er seltsam.

2. b) Britta **würde** gern einen interessanten Beruf **erlernen**.
    c) Sie **würde** gern viel Geld **verdienen**.
    d) Sie **führe** gern ein Cabrio.
    e) Sie **nähme** gern Reitunterricht.
    f) Sie **würde** gern einen netten Mann **kennenlernen**.
    g) Sie **würde** gern eine Traumhochzeit **feiern**.
    h) Sie **würde** gern eine Familie **gründen**.
    i) Sie **flöge** gern nach Neuseeland.
    j) Sie **hätte** gern genügend Freizeit.

Ü 55: Satzglieder bestimmen

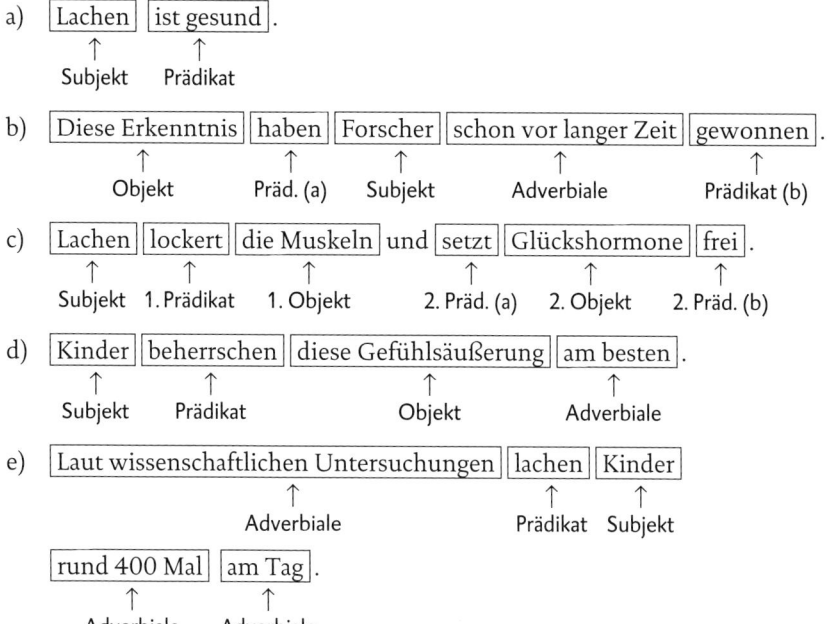

a) Lachen ist gesund.
   ↑ Subjekt ↑ Prädikat

b) Diese Erkenntnis | haben | Forscher | schon vor langer Zeit | gewonnen.
   ↑ Objekt ↑ Präd. (a) ↑ Subjekt ↑ Adverbiale ↑ Prädikat (b)

c) Lachen | lockert | die Muskeln | und | setzt | Glückshormone | frei.
   ↑ Subjekt ↑ 1. Prädikat ↑ 1. Objekt ↑ 2. Präd. (a) ↑ 2. Objekt ↑ 2. Präd. (b)

d) Kinder | beherrschen | diese Gefühlsäußerung | am besten.
   ↑ Subjekt ↑ Prädikat ↑ Objekt ↑ Adverbiale

e) Laut wissenschaftlichen Untersuchungen | lachen | Kinder
   ↑ Adverbiale ↑ Prädikat ↑ Subjekt
   rund 400 Mal | am Tag.
   ↑ Adverbiale ↑ Adverbiale

✒ **Hinweis:** *Im zweiten Satz ist das Prädikat zweiteilig (a/b), im dritten Satz gibt es zwei Prädikate, wobei das zweite Prädikat aus einem trennbaren Verb besteht, sodass von ihm auch zwei Teile (a/b) benannt werden müssen.*
Die Konjunktion „und" im dritten Satz verbindet die beiden Prädikate und ist selbst kein Satzglied. Dass die Formulierung „rund 400 Mal am Tag" aus zwei Adverbialen besteht, zeigt die Umstellprobe. Es ist nämlich möglich, die Wortgruppe zu zerlegen, ohne dass der Sinn dadurch verloren geht, z. B. so: „Am Tag lachen Kinder laut wissenschaftlichen Untersuchungen rund 400 Mal." Die Worte „rund 400 Mal" benennen außerdem eine Häufigkeit (wie oft?), während die Worte „am Tag" die Dauer angeben (wann? während welcher Zeit?).

Ü 56: „Flugstaffel Walsrode" – Haupt- und Nebensätze unterscheiden

1. [...] Trotz des Regens sind die Bänke an der Bühne fast voll besetzt. Eine Schulklasse ist in den Vogelpark Walsrode gekommen, und ein paar Familien mit Kindern sind da. Gespannt starren sie alle auf einen großen Baum. Dann plötzlich schießt ein schwarz gefiederter Vogel unter den tief hängenden Ästen hervor. Er segelt ein Stück über den Rasen und landet elegant auf dem Unterarm seines Trainers German Alonso.

Der Truthahngeier Sherlock ist bereit für seine Mission: Er soll ein Leichentuch aufspüren, das Alonso kurz zuvor in einem Rasenloch versteckt hat. Sherlock springt auf den Rasen und schreitet auf und ab. Nur wenige Augenblicke später zupft er mit seinem Schnabel die Beute hervor. Er hat seinen Auftrag ausgeführt.

Das Leichentuch hat eine Medizinische Hochschule geliefert, die nicht genannt werden will. Zu makaber könnte das Spektakel wirken, wenn man nicht den tieferen Sinn kennt: Alonso soll seinem Geier beibringen, Leichen aufzuspüren. Der Auftrag dazu kam vor drei Jahren von höchster Stelle [...]. Bisher helfen speziell ausgebildete Spürhunde bei der Leichensuche. Hunde verfügen über 300 Millionen Riechzellen in der Nase, denen auch viele Jahre alte Spuren nicht entgehen. Das Problem besteht darin: Nur mit geschlossener Schnauze können Hunde alle Duftspuren orten, nach fünfzehn Minuten Einsatz brauchen sie eine Pause. Ein Leichenspürhund kann deshalb nur maximal 100 Quadratmeter am Tag absuchen. Falls er auf unwegsamem Terrain eingesetzt wird, schafft er sogar noch weniger. [...]

Quelle: Nadine Querfurth, in: Zeit Wissen 1/2010; http://www.zeit.de/zeit-wissen/2010/01/Geier-im-Polizeidienst

/ **Hinweis:** *Es gibt insgesamt nur fünf Nebensätze: drei Relativsätze und zwei Konjunktionalsätze. Alle anderen Sätze sind Hauptsätze, weil das finite Verb jeweils auf der zweiten Satzgliedposition steht.*

2.

		Satzreihe	Satzgefüge
a)	Man weiß nicht, wie erfolgreich das Training von Truthahngeiern sein wird.	☐	☒
b)	Es gibt nämlich nur wenige dieser Geier, denn sie werden nur selten gezüchtet.	☒	☐
c)	Ob Truthahngeier zwischen dem Geruch toter Tiere und toter Menschen unterscheiden können, ist auch noch unklar.	☐	☒
d)	Es kann sein, dass sie im Ernstfall statt eines toten Menschen nur tote Mäuse finden.	☐	☒
e)	Die Treffsicherheit der Vögel muss erst genau geprüft werden, und das kann noch einige Zeit dauern.	☒	☐

Ü 57: Sätze verbinden

a) Die Betriebe klagen zunehmend darüber, <u>dass</u> nicht mehr genügend Bewerber für Lehrstellen zur Verfügung stehen.

b) <u>Während</u> die Anzahl der Abiturienten gestiegen ist, gibt es einen Rückgang bei den Schulabgängern an Haupt- und Realschulen.

c) Die Abiturienten möchten lieber an einer Universität studieren, <u>denn</u> die Lehrstellen in einem Betrieb haben an Attraktivität verloren.

d) Bei der Firma Siemens ist die Zahl der Bewerber deutlich gesunken, <u>deshalb</u> werben inzwischen sogar große Betriebe um Auszubildende.

e) Man sollte sich auf ein Bewerbungsgespräch vorbereiten, <u>auch wenn/obwohl</u> es nicht mehr so viele Konkurrenten um einen Ausbildungsplatz gibt.

f) Der erste Eindruck ist oft entscheidend, <u>darum</u> sollte man angemessen gekleidet sein.

Ü 58: Relativsätze bilden

a) Bei jedem Surfen im Internet hinterlassen wir Spuren, die sich nicht so leicht löschen lassen.

b) Es handelt sich stets nur um ein paar Daten, die unser Computer speichert und preisgeben kann.

c) Manchmal sind es nur einzelne Wörter, die wir in Suchmaschinen eingeben haben.

d) Bewerber, die allzu private Daten im Internet hinterlassen haben, können in einem Vorstellungsgespräch einen schlechten Eindruck machen.

e) Inzwischen geben viele Chefs die Namen der Bewerber, die sich bei ihnen vorstellen sollen, in eine Suchmaschine ein.

f) Ein Chef wird einem Bewerber, von dem er im Internet peinliche Fotos entdeckt hat, kein großes Vertrauen entgegenbringen.

Ü 59: „Letzte Chance für ein normales Leben" – ‚das' und ‚dass' unterscheiden

Wer einmal notorischer Blaumacher ist, findet nur schwer zu-
rück in die Schule. In Berlin gibt es ein Internatsprojekt, **das**   *Relativpronomen*
notorischen Schwänzern helfen soll, diesen Teufelskreis zu
durchbrechen. **Das** ist ihre letzte Chance.   *Demonstrativpron.*
Sie sind zwischen 12 und 16 Jahre alt und kommen aus Berlin-
Neukölln. Eines haben die Jungen und Mädchen gemeinsam:
dass sie die Schule zuletzt nur selten besuchten. **Das** hat sich   *Konjunktion*
inzwischen geändert. Denn jetzt lernen sie im Internat „Leben   *Demonstrativpron.*
und Lernen".
Von Sonntagabend bis Freitagnachmittag werden die Schüler
dort ganztags betreut. Ganze 2 400 Euro kostet **das** pro Schüler   *Demonstrativpron.*
– monatlich. Die Eltern zahlen davon **das**, was **das** Familien-   *Demonstrativpr.; Ar-*
einkommen zulässt. Den Rest trägt **das** Jugendamt. **Das** ent-   *tikel; Artikel; De-*
scheidet auch, wer aufgenommen wird – gemeinsam mit den   *monstrativpron.*
Mitarbeitern der Wohngruppe und den Lehrern.
Ziel des Projekts ist es, **dass** sich die Kinder an klare Strukturen   *Konjunktion*
gewöhnen. Um die Gewohnheiten zu durchbrechen, setzt **das**   *Artikel*
Internat auf Tagesstrukturen mit wenig persönlichen Rück-
zugsmöglichkeiten. Mit Ausnahme eines Einzelzimmers gibt es
nur Doppelzimmer. Die aber sind so ausgestattet, **dass** jeder   *Konjunktion*
einen eigenen Schreibtisch und etwas Platz für persönliche
Dinge hat.
Die Nutzung des Telefons wird nur eingeschränkt erlaubt, **das**   *Demonstrativpron.*
gilt auch für Handys. Klar geregelt ist, **dass** die Schüler zu einer   *Konjunktion*
bestimmten Zeit aufstehen müssen und **dass** sie den Putz-   *Konjunktion*
dienst für die Zimmer und Gemeinschaftsräume leisten müssen.
Einfach ist die Arbeit nicht […]. Denn wer im Internat lebt,
steigt nicht automatisch ins normale Schulleben ein. **Das** ist   *Demonstrativpron.*
ein Entwicklungsprozess […].

Quelle: Mandy Hannemann, news.de 2009, www.news.de/gesellschaft/855026951/letzte-chance-auf-ein-normales-leben/ (gekürzt und leicht geändert)

Lösungen

Original-Prüfungsaufgaben

Abschlussprüfung Deutsch 2020

Hinweis: Wegen des Corona-Virus fanden die schriftlichen und mündlichen Prüfungen zum MSA und zur eBBR in **Berlin** im Jahr 2020 nicht statt. Die folgenden Lösungen sind die zu den **Original-Prüfungsaufgaben 2020**, die in **Brandenburg** gestellt wurden.

1 Smileys und Symbole – Wie Emojis unsere Kommunikation verändern (Julia Grass)

Sachtext „Smileys und Symbole – Wie Emojis unsere Kommunikation verändern" – Aufgaben zum Textverständnis

101 Gemeint ist die Mutter der Verfasserin des Textes.

Hinweis: Die Autorin gibt zunächst eigene Erfahrungen mit dem Thema wieder, spricht also über ihre eigene Mutter.

102

a) Sie veranschaulicht das Thema.	**X**
b) Sie ruft Emotionen hervor.	☐
c) Sie provoziert.	☐
d) Sie problematisiert das Thema.	☐

Hinweis: Die persönlichen Erfahrungen und die anschaulichen Beispiele, die die Verfasserin eingangs schildert, machen das Thema für die Leserinnen und Leser anschaulich und greifbar.

103

Oberbegriff	Emojis	
Unterteilung	emotionslose Bildchen	Emoticons
a) Beispiel	Torte	**lachendes Gesicht (Smiley)**
b) Ursprungsland	**Japan**	**USA**

Hinweis: Beispiele für Emoticons sind auch andere Arten von Gesichtern bzw. Gesichtsausdrücken, wie z. B. ein weinender oder wutdampfender Smiley. Vgl. Z. 51–77.

104 Emoticons wurden erfunden, um Missverständnisse in virtuellen Gesprächen zu vermeiden. Mit den Gesichtern aus Satzzeichen kann man z. B. verdeutlichen, ob eine schriftliche Aussage witzig oder ironisch gemeint ist oder eben nicht.

Hinweis: Vgl. Z. 75–86. Man könnte der Lösung noch hinzufügen, dass die Emoticons in der schriftlichen Kommunikation Mimik und Gestik, also Gesichtsausdrücke und Bewegungen, ersetzen, die in einem Gespräch normalerweise das Gesagte ergänzen (vgl. Z. 92–103 und 126–132).

* 105 Die emotionslosen Bilder, wie z. B. ein Mond oder ein Sektglas, dienen laut Stefanowitsch hauptsächlich dazu, das Gesagte zu ergänzen. Sie stehen aber in der Regel nicht allein.

Hinweis: Vgl. Z. 159–167. Achte genau auf die Fragestellung: Es geht um die Bildchen, nicht um Emoticons.

* 106 Durch das Internet findet die schriftliche Kommunikation viel schneller statt als früher. Für einen Brief musste man sich viel Zeit nehmen – fürs Schreiben, für die Zustellung und fürs Lesen. Heute werden Textnachrichten innerhalb von Sekunden oder Minuten geschrieben, verschickt und gelesen. Diese Art der Schriftkommunikation ähnelt sehr einer mündlichen Unterhaltung.

Hinweis: Vgl. Z. 110–126.

* 107 Die Interpretation der Bildchen hängt davon ab, wie sie im Gehirn verarbeitet werden, ob sie also wie Sprache bzw. Schrift „gelesen" und verarbeitet werden oder ob sie wie wirkliche Gesichtsausdrücke erkannt und instinktiv gedeutet werden.

Hinweis: Die bisherigen Untersuchungen deuten eher auf Ersteres hin, dass Emoticons also nicht automatisch erkannt, sondern wie eine Sprache erlernt werden müssen. Vgl. Z. 133–146.

108 a) Aufgenommen werden alle bekannten Schriftzeichen und Textelemente verschiedenster Sprachen sowie, bei Bildern, eine offizielle Beschreibung.

b) Durch die Zuweisung eines einheitlichen digitalen Codes können die Zeichen weltweit auf allen Geräten gleich angezeigt und gelesen werden.

Hinweis: Vgl. Z. 18–25 und 186 f.

109

	richtig	falsch
a) Emojis werden von allen Nutzern gleich interpretiert.	☐	☒
b) Frauen nutzen viel häufiger Emojis als Männer.	☒	☐
c) Texte können durch Emojis dargestellt werden.	☒	☐
d) Alle Emojis stehen für Gefühle.	☐	☒
e) Scott Fahlman erfand die Emoticons.	☒	☐

✎ **Hinweis: a)** Die Interpretation kann je nach Person ganz unterschiedlich sein und hängt zudem von ihrem kulturellen Umfeld ab. Vgl. Z. 183–194. **b)** Vgl. Z. 207–210. **c)** Es werden bereits literarische Werke oder politische Reden in „Emoji" übersetzt, vgl. Z. 37–47. Außerdem kann ein wütender Smiley eine Aussage darstellen („Ich bin wütend."), vgl. Z. 9 f. und 165–167. **d)** Es gibt auch „emotionslose Bildchen" (Z. 160) wie z. B. einen Mond. Die Emojis, die für Gefühle stehen, nennt man Emoticons. Vgl. Z. 54–67. **e)** Vgl. Z. 75–77.

* **110** Da es in offiziellen Schreiben besonders wichtig ist, dass die Aussagen eindeutig und unmissverständlich sind, sollten Emojis hier besser vermieden werden. Diese können nämlich je nach Leserin oder Leser unterschiedlich interpretiert werden.

✎ **Hinweis:** Vgl. Z. 186–201. Im Text wird als Beispiel das „Kothäufchen"-Emoji genannt, das von vielen als Schokolade fehlinterpretiert wurde.

111

	richtig	falsch
a) Das Beispiel der Mutter gibt dem Text einen inhaltlichen Rahmen.	☒	☐
b) Das Beispiel der Mutter veranschaulicht das Thema.	☒	☐
c) Das Beispiel der Mutter lenkt vom Thema ab.	☐	☒
d) Das Beispiel der Mutter hat eine unterhaltende Funktion.	☒	☐

✎ **Hinweis: a)** Die Mutter kommt sowohl ganz am Anfang als auch ganz am Ende zur Sprache und rahmt den Text somit ein. Vgl. Z. 1–10 und 213 f. **b)** Vgl. auch Aufgabe 102. Die Sachinformationen zum Thema Emojis in der Textmitte, wie z. B. Fakten zur Entstehung und zur Nutzung, werden durch das Beispiel der Mutter als Emoji-Nutzerin anschaulich gemacht. **c)** Es lenkt nicht ab, sondern unterstreicht die Aussagen durch ein konkretes Beispiel (vgl. Antwort b). **d)** Während die Wiedergabe von Fakten, wie z. B. die Aussagen des Wissenschaftlers, die Leserinnen und Leser informieren soll, dient das anschauliche Beispiel, wie die Mutter Emojis nutzt, der Unterhaltung.

Aufgaben zum Sprachwissen und zur Sprachbewusstheit (Text 1)

* 151 Probleme

✎ **Hinweis:** *Als „Tücke" wird eigentlich eine (nicht sofort erkennbare) Eigenschaft von et-was bezeichnet, die zu Ärger führen kann. In diesem Satz könnte man auch von „Schwierig-keiten" oder „Problemen" sprechen.*

* 152

a) Emojis muntern die Online-Kommunikation auf.	☐
b) Emojis beleben die Online-Kommunikation.	☒
c) Emojis kurbeln die Online-Kommunikation an.	☐
d) Emojis verstärken die Online-Kommunikation.	☐

✎ **Hinweis:** *„Auffrischen" bedeutet so viel wie „(wieder)beleben". Andere Beispiele wären: „seine Sprachkenntnisse auffrischen", „seine Lebensgeister mit einem Kaffee auffrischen".* **a)** *Aufmuntern kann man nur Personen, z. B. wenn jemand schlechter Stimmung ist, aber keine Dinge oder Abstraktes wie eine Kommunikation.* **c)** *„Ankurbeln" bedeutet „beschleu-nigen", „in Schwung bringen". Die Emojis sorgen aber nicht für einen generellen Antrieb der Online-Kommunikation, sondern machen diese lebendiger, frischer.* **d)** *Emojis können zwar verstärkend wirken, allerdings nur für eine bestimmte Aussage, nicht die Kommunikation insgesamt verstärken.*

153

deutsche Bezeichnung	Fremdwort
a) Verständigung	**Kommunikation**
b) Zusammenhang	**Kontext**
c) übersteigertes Interesse	**Hype**
d) Vorgehensweise	**Methode**

✎ **Hinweis:** *Lies die Wörter noch einmal im Textzusammenhang nach, um ihre Bedeutung zu erschließen: „Hype": Z. 33, 169; „Methodik" (= Methode): Z. 29; „Kontext": Z. 100; „Kommunikation": Z. 24 f., 89, 104 f., 115 etc.*

154

Ableitung	Komposition
verarbeiten	feststellen
lesbar	zahlreich
ursprünglich	Schokokuss

✎ **Hinweis:** *Ableitung und Komposition sind verschiedene Arten der Wortbildung. Bei der* **Ableitung** *wird an einen Wortstamm eine Vor- oder Nachsilbe angehängt oder auch bei-des. Du erkennst Vor- und Nachsilben in der Regel daran, dass sie nicht allein als Wort ste-*

hen können. Diese Wörter sind also Ableitungen: „ver- arbeit -en" (Vor- und Nachsilbe), „les -bar" (Nachsilbe), „ur- sprüng -lich" (Vor- und Nachsilbe).

Bei der **Komposition** werden zwei (oder mehr) selbstständige Wörter zu einem neuen Wort zusammengesetzt. Komposita sind hier: „fest + stellen" (Adjektiv + Verb), „zahl + reich" (Nomen + Adjektiv), „Schoko + kuss" (Nomen + Nomen).

155　Es muss noch genauer erforscht werden, wie wir die Emojis wahrnehmen.

　🖋 **Hinweis:** Der Nebensatz steht im vorgegebenen Satzgefüge vorne („Wie wir …") und ersetzt das Subjekt. Tauscht man die Reihenfolge, muss deshalb im Hauptsatz ein Subjekt ergänzt werden: „Es".

156　Die Emoticons sind von einem amerikanischen Professor erfunden worden.

　🖋 **Hinweis:** Bei der Umformung vom Aktiv ins Passiv wird das ursprüngliche **Subjekt zum Objekt und umgekehrt** das Objekt zum Subjekt des Satzes. Im Ausgangssatz ist das Subjekt „ein amerikanischer Professor" (Wer?), das Objekt „die Emoticons" (Wen?). Letztere werden also im Passivsatz zum Subjekt: „Die Emoticons (Wer?) sind erfunden worden." Das ursprüngliche Subjekt wird meist durch „von" angeschlossen („von einem … Professor"). Außerdem musst du darauf achten, die **Zeitform** beizubehalten. Im Ausgangssatz liegt Perfekt vor („hat … erfunden").

157　● Sie **s**endet …
　　● … **r**unden, **r**oten …

　🖋 **Hinweis:** Das Stilmittel Alliteration liegt vor, wenn zwei direkt nebeneinander oder nahe beieinander stehende Wörter mit demselben Anlaut beginnen. Auch „… **w**ortlos einen **w**ütenden …" wäre eine denkbare Lösung.

158　Das sind die Bildchen mit einem Mund, der lacht.

　🖋 **Hinweis:** Das enthaltene Partizip lautet „lachendem". Das Partizip I ist immer an der Endung -end erkennbar, z. B. „singend", „hustend". Da es im Satz wie ein Adjektiv verwendet wird und das folgende Nomen (hier „Mund") näher beschreibt, kann es durch einen Relativsatz ersetzt werden.

2 Röslein stach *(Susanne Mischke)*

Literarischer Text „Röslein stach" – Aufgaben zum Textverständnis

201

a) Vor- und Nachname	Bernward
b) Vor- und Nachname der Mutter	Doris Reuter
c) Vor- und Nachname des Stiefvaters	Ralph Reuter
d) ehemaliger Wohnort	Hannover (Südstadt)
e) jetziger Wohnort	ein Dorf im Umland von Hannover

✎ *Hinweis: a) Vgl. Z. 167 f. b) Vgl. Z. 169 f. c) Vgl. Z. 130 f. d) Vgl. Z. 135–137. e) Vgl. Z. 63–68 und 132–134.*

202 **vor dem Umzug:** vertrauter Umgang; sie verbringen ihre Zeit gemeinsam, selbst dann, wenn sie nur lesen oder fernsehen.

nach dem Umzug: distanziert, teils angespannt; Antonia bleibt für sich in ihrem Zimmer, sieht fern oder surft im Internet.

✎ *Hinweis: Vgl. Z. 16–18, 184–186, 198–207.*

* 203 a) Die Mutter und Ralph werfen Antonia vor, dass ihre Gefühle nicht echt seien, sondern sie das Weinen gezielt einsetze, um ihre Wünsche durchzusetzen.

b) Für Antonia ist der Vorwurf unbegründet, weil genau das Gegenteil der Wahrheit entspricht: Sie würde lieber nicht weinen, kann sich aber in vielen Situationen nicht dagegen wehren.

c) Wenn die Tränen in ihr aufzusteigen beginnen, hat Antonia einen Kloß im Hals und ihre Stimme wird zitterig.

✎ *Hinweis: Vgl. Z. 32–57.*

204 a) Sie will in eine WG nach Hannover-Linden ziehen.

b) Antonia will nach den Sommerferien die Oberstufe besuchen, wofür sie auf eine Schule nach Hannover wechseln muss. Vom jetzigen Wohnort aus wäre der Fahrtweg dorthin sehr lang (eine Dreiviertelstunde).

c) Sie hat die Idee von einer Kindheitsfreundin, die eine Ausbildung beginnt und dafür von zu Hause auszieht.

d) Die Mutter lehnt Antonias Wunsch ab, weil sie eine Wohnung in der Stadt für die Tochter nach eigener Aussage nicht finanzieren könne.

Hinweis: a) Vgl. Z. 71–74 und 240–245. b) Vgl. Z. 57–74. c) Vgl. Z. 224–245. d) Vgl. Z. 79–84.

* 205 • „Antonia schüttelte sich innerlich bei dem Gedanken, wie man einen Mann wie Ralph – wenig Haar, wenig Kinn, viel Bauch – küssen konnte." (Z. 9–12)

• „Zum Glück würden sie ihn für den Rest der Woche los sein, […]." (Z. 14 f.)

Hinweis: Wenn du Textbelege notieren sollst, musst du die Regeln für korrektes Zitieren beachten. Die Textstelle muss wortgetreu wiedergegeben werden und in Anführungszeichen stehen. Auslassungen kennzeichnest du durch drei Punkte in eckigen Klammern und am Ende steht die genaue Zeilenangabe.

* 206 ☒ Abneigung

Obwohl Antonia sich dagegen wehrt, muss sie ihr Leben dem Ralphs unterordnen und in das Dorf ziehen, wo er lebt und arbeitet, sie aber niemanden kennt. Adoptieren will er sie nicht aus Zuneigung, sondern nur, damit „alle in der Familie einen gemeinsamen Namen tragen" (Z. 159 f.). Die Geschenke, die er Antonia macht, sind ohne großen materiellen Wert und sollen hauptsächlich den Zweck erfüllen, dass das Mädchen ihn und die Mutter nicht stört.

Hinweis: Vgl. Z. 130–147, 158–162 und 186-197. Beide Positionen sind möglich. Wichtig ist, dass du deine Meinung überzeugend begründest.
Wenn du dich für „Zuneigung" entscheidest, könntest du anführen, dass Ralph sich um Antonia bemüht, indem er die Adoption vorschlägt und ihr einen Fernseher und ein Handy schenkt. Außerdem gibt es keine objektiven Gründe dafür, dass er das Mädchen nicht mag, es gibt „keine konkreten Untaten" (Z. 180 f.) seinerseits und er scheint durchaus an Antonias „Wohlergehen" (Z. 178) interessiert.

* 207 Antonia kennt ihren leiblichen Vater nicht. Sie weiß nicht, wie er aussieht und was seinen Charakter ausmacht. Somit weiß sie auch nicht, was sie von ihm geerbt hat und welche ihrer eigenen Wesenszüge und äußerlichen Merkmale möglicherweise ihm ähneln. In der Wahrnehmung ihrer Person kann sie also nur die „Puzzleteile" zuordnen, die eindeutig von ihrer Mutter stammen. Ein stimmiges Gesamtbild von sich selbst sieht sie aber nicht, weil dazu „Teile fehlen".

Hinweis: Es handelt sich hier um eine Metapher, deren übertragenen Sinn du erklären musst. Überlege dazu, inwiefern man sagen könnte, dass sich eine Person aus einzelnen

(Puzzle-)Teilen zusammensetzt, und was es für ein Puzzle bedeutet, wenn die Hälfte der Teile fehlt.

208 Antonia stellt eine gedankliche Nähe her, indem sie sich täglich neue Geschichten ausdenkt, wie das Leben ihres Vaters verlaufen könnte. Außerdem stellt sie sich immer wieder vor, wie schön der Moment wäre, in dem sie ihren Vater endlich träfe.

> ✦ **Hinweis:** *Vgl. Z. 109–114. „Fiktiv" bedeutet „erfunden". Wenn man sich etwas „in rosaroten Tönen ausmalt", heißt das, dass man etwas beschönigt bzw. sich etwas schöner vorstellt, als es (vermutlich) der Realität entspricht.*

209 Die Mutter verweigert Antonia gegenüber jede Aussage, was deren Vater betrifft. Antonia erhält von ihr keinerlei Informationen über ihn, die Mutter zeigt ihr nicht einmal ein Foto des Mannes. Da Antonia noch nicht einmal weiß, ob ihr Vater überhaupt noch am Leben ist, bleibt ihr nur, sich selbst Geschichten über ihn auszudenken.

> ✦ **Hinweis:** *Vgl. Z. 104–129.*

* 210 Das personale Erzählverhalten zeigt sich darin, dass nur die Gedanken und Gefühle Antonias wiedergegeben werden. Beispielsweise weiß die Leserin oder der Leser nicht, wie Ralph wirklich zu dem Mädchen steht, da seine inneren Vorgänge nicht deutlich werden.

> ✦ **Hinweis:** *Dass aus Sicht des Mädchens erzählt wird, wird an vielen Stellen des Textes deutlich, z. B. in Z. 171–184, wo es um das Verhältnis von Ralph und Antonia geht. Dort heißt es: „sie war sicher, dass [...]" (Z. 172 f.), „Ihre gegenseitige Abneigung war vermutlich [...]" (Z. 174 f.), „auch wenn Ralph [...] so tat, als [...]" (Z. 176 f.) und „sie spürte, dass [...]" (Z. 182).*

211

	Darbietungsform
a) „Was willst du dann? Die Schule schmeißen? Bei deinen guten Noten?"	4
b) Sie wartete, bis sie seinen Wagen wegfahren hörte.	1

> ✦ **Hinweis:** *Sowohl der **innere Monolog** als auch die **erlebte Rede** geben Gedanken und Gefühle der erzählenden Figur wieder – beim inneren Monolog in der 1. Person Singular („ich"), bei der erlebten Rede in der 3. Person Singular („er"/„sie"). Bei beiden Erzählformen stehen keine Anführungszeichen. Diese kennzeichnen aber die **direkte Rede**, bei der die Äußerung einer Figur direkt wiedergegeben wird. Dies trifft auf die Äußerung der Mutter im **Beispiel a** zu. Als **Erzählerbericht** wird in einem Text alles bezeichnet, was nicht dem Gedachten oder Gesprochenen einer Figur entspricht. Das trifft z. B. auf die Wiedergabe der Handlung bzw. des Ereignisses im **Beispiel b**, das Warten auf das Wegfahren, zu.*

Aufgaben zum Sprachwissen und zur Sprachbewusstheit (Text 2)

251　Sie sind ihn für den Rest der Woche los.

> ✐ **Hinweis:** Der Konjunktiv wird verwendet, um etwas auszudrücken, was nicht der Realität entspricht, also z. B. Vorstellungen, Wünsche und Möglichkeiten. Um wiederzugeben, was tatsächlich geschieht, wird der Indikativ genutzt.

252

Satz	Bedeutung
a)　Sie haben ihr etwas <u>unterstellt</u>.	Sie nehmen etwas an bzw. werfen ihr etwas vor, das nicht der Wahrheit entspricht.
b)　Sie ist dem Vorgesetzten <u>unterstellt</u>.	Sie steht unter der Leitung des Vorgesetzten / ist ihm untergeordnet.

253

	Artikel	Demonstrativpronomen	Relativpronomen
a)　Ihre Abneigung war vermutlich <u>das</u> Einzige,	☒	☐	☐
b)　<u>das</u> sie gemeinsam hatten,	☐	☐	☒
c)　und <u>das</u> war ihr klar.	☐	☒	☐

> ✐ **Hinweis:** Das Wort „das" kann drei verschiedenen Wortarten angehören. Welche die zutreffende ist, erkennst du an der Verwendung im Satz. Du musst also den ganzen Satz betrachten, der sich über a), b) und c) erstreckt.
> Der bestimmte **Artikel** „das" ist immer Begleiter eines nachfolgenden Nomens, z. B. „das (hübsche) <u>Kind</u>". Das Nomen im obigen Satz ist „Einzige".
> Ein **Relativpronomen** leitet einen Relativsatz, also einen Nebensatz ein. Dieser bezieht sich auf ein vorhergehendes Bezugswort und erläutert dieses näher, z. B. „Ein <u>Mädchen</u>, das lacht." Das Bezugswort in der Aufgabe lautet „das Einzige, (das)".
> Ein **Demonstrativpronomen** verweist auf etwas Vorangehendes. Es kann sich nur auf ein Wort oder auch auf einen ganzen Satz beziehen, z. B. „<u>Sie kommt zu spät</u>. Das ist ihr klar."
> Im Satz oben verweist das letzte „das" auf die gesamte vorherige Aussage.

* 254　Im wörtlichen Sinne riskiert jemand, der „sich auf dünnes Eis wagt", ins Eis einzubrechen, da dieses zu dünn ist, um das Gewicht zu tragen. Im übertragenen Sinn meint die Redewendung also, dass jemand ein Risiko eingeht im Bewusstsein, dass dies schlecht ausgehen könnte.

> ✐ **Hinweis:** Versuche bei Redewendungen zunächst, sie wörtlich zu nehmen und zu erklären, was sie im Wortlaut bedeuten. Dies verallgemeinerst du dann und erläuterst, was im übertragenen Sinn gemeint sein kann.

255 Es liegt ein Vergleich vor: „wie eine Millionärin".

✐ **Hinweis:** *Bildhafte Vergleiche sind in der Regel an den Vergleichswörtern „wie" oder „als"*
zu erkennen. Richtig wäre auch das Stilmittel Alliteration, also der gleiche Anlaut auf-
einanderfolgender Wörter („Sie sieht").

* 256

	Nummer
a) Sie trank einen Schluck Kaffee, nahm ihren Mut zusammen und fing an zu reden.	2
b) Das war klar, ohne Internet würde sie ihr Leben wohl kaum ertragen.	1
c) Sie hatte wieder Kontakt zu Katie, ihrer Schulfreundin, aufgenommen.	4

✐ **Hinweis: a)** *Es werden drei Handlungen* **aufgezählt** *(trinken, Mut zusammennehmen,*
anfangen zu reden). **b)** *Eine* **Satzreihe** *besteht aus aufeinanderfolgenden Hauptsätzen.*
Diese müssen durch Komma getrennt werden, wenn sie nicht durch „und/oder" verbunden
sind. Einen Hauptsatz erkennst du in der Regel durch die Stellung des finiten (= gebeugten)
Verbs an zweiter Stelle im Satz (hier: „war" und „würde"). **c)** *Eine* **Apposition** *ist ein Ein-*
schub in einen Satz, der ein vorhergehendes Nomen näher erläutert. Hier wird erklärt, wer
Katie ist.

3   Plastikmüll – Mehr als nur Tüten

Diskontinuierliche Texte „Plastikmüll – Mehr als nur Tüten"
Aufgaben zum Textverständnis

301 a) • Es ist günstig herzustellen.
        • Es ist flexibel einsetzbar.
        • Es ist lange haltbar.
    b) Plastikmüll verschmutzt die Meere.
    🖋 *Hinweis: Die gesuchten Informationen kannst du dem Einführungstext oberhalb der Diagramme entnehmen.*

* 302 Die Aussage ist nicht richtig, weil die 311 Millionen Tonnen sich nur auf das auf Erdölbasis hergestellte Plastik beziehen. Bei der Gesamtplastikproduktion kommt auch noch Bio-Plastik und Recyclingplastik hinzu.
    🖋 *Hinweis: Die Informationen findest du im ersten Diagramm (Kurvendiagramm). Lies dazu genau die Legende zum Schaubild.*

303 Mit Mikroplastik sind winzig kleine Kunststoffteile gemeint, die maximal eine Größe von fünf Millimetern haben.
    🖋 *Hinweis: Diese Information findest du im Balkendiagramm „Plastikmüll im Meer".*

304 Die Grafiken informieren über

	richtig	falsch
a) den Anteil der Verpackungen am Plastikverbrauch in der EU 2015.	☒	☐
b) die Herstellung von Plastik auf biologischem Weg.	☐	☒
c) die Herkunft des Mikroplastikmülls im Meer.	☒	☐
d) den Anteil des Mikroplastikmülls am Gesamtplastikmüll im Meer.	☒	☐
e) die Entwicklung der Plastikverwertung in der EU 2015.	☐	☒

🖋 *Hinweis: a) Dass Verpackungen 2015 einen Anteil von beinahe 40 % am Plastikverbrauch der EU hatten, kannst du im ersten Tortendiagramm („Plastikverbrauch in der EU 2015") ablesen. b) In der Legende zum ersten Kurvendiagramm („Weltweite Plastikproduktion") wird zwar erwähnt, dass es Bio-Plastik gibt, aber man erfährt nicht, wie dieses hergestellt wird. c) Woher das Mikroplastik im Meer stammt, geht aus dem dritten Tortendiagramm („Ursprung des Mikroplastiks im Meer") hervor. d) Das erste Balkendiagramm („Plastikmüll im Meer") gibt nicht nur nach Regionen gegliedert an, wie viel Plastik sich* *insgesamt im Meer befindet, sondern auch, welchen Anteil daran Mikroplastik hat. **e)** Aus dem zweiten Tortendiagramm („Plastikverwertung in der EU 2015") geht zwar hervor, wie 2015 in der EU weggeworfenes Plastik verwertet wurde. Eine Entwicklung lässt sich aber nicht ablesen.*

305   Der größte Anteil des Plastikmülls wird verbrannt, um **daraus Energie zu gewinnen**.

✎ **Hinweis:** *Diese Information steht im zweiten Tortendiagramm („Plastikverwertung in der EU 2015").*

* 306   Die Menge an Mikroplastik-Abfällen ließe sich reduzieren, wenn bei der Faserproduktion für Textilien mehr natürliche Fasern wie Baumwolle und Wolle und weniger Kunstfasern wie Polyester hergestellt würden.

✎ **Hinweis:** *Die benötigten Informationen findest du im zweiten Kurvendiagramm („Faserproduktion weltweit") und im nebenstehenden Tortendiagramm („Ursprung des Mikroplastiks im Meer").*

* 307   Aus dem Balkendiagramm „Mikroplastikverschmutzung, umgerechnet in Plastiktüten" geht zwar hervor, dass die Menge an Mikroplastikmüll, die eine Person in Nordamerikaner in einem Jahr verursacht, der Menge von 150 Plastiktüten entspricht. Wie der Titel des Diagramms verrät, ist diese Zahl jedoch eine Umrechnung. Das heißt, das Mikroplastik im Meer stammt aus vielen unterschiedlichen Quellen, z. B. aus Kosmetik oder Kleidung, die die Person nutzt. Alles zusammengenommen entspricht die Menge 150 Plastiktüten.

✎ **Hinweis:** *Du musst das letzte Balkendiagramm genau lesen, um die Aufgabe zu lösen. Es sind verschiedene Begründungen möglich. Man könnte auch anführen, dass die Menge von 150 Plastiktüten ein statistischer Mittelwert ist. Das heißt, dass nicht jede Person gleich viel (Mikro-)Plastikmüll produziert – die eine viel, die andere weniger. Die pauschale Aussage, jede Einwohnerin bzw. jeder Einwohner Nordamerikas sei für 150 entsorgte Plastiktüten verantwortlich, ist deshalb falsch.*

4 Richtig schreiben

401

a) e oder ä?		
haupt-sächlich	1. Ich zerlege das Wort in seine Bestandteile.	☐
	2. Ich erkenne ein typisches Adjektivsuffix.	☐
	3. Ich suche ein stammverwandtes Wort.	☒

✎ **Hinweis:** Mithilfe eines verwandten Wortes mit demselben Wortstamm, wie z. B. „Hauptsache", kannst du ermitteln, dass der Wortstammt ein „a" enthält. Das davon abgeleitete „hauptsächlich" wird demnach mit „ä" geschrieben. Die Zerlegung in einzelne Bestandteile („haupt-säch-lich") hilft für die fragliche Stelle ebenso wenig weiter wie das Erkennen der typischen Adjektiv-Nachsilbe „-lich".

b) g oder ch?		
haupt-sächli**ch**	1. Ich verlängere das Wort.	☒
	2. Ich suche ein Wort aus der Wortfamilie.	☐
	3. Ich erkenne den Wortstamm.	☐

✎ **Hinweis:** Verlängerst du das Wort etwa zu „hauptsächliche", hörst du, dass hinten ein „ch" steht (nicht: „hauptsächlige"). Ein Wort aus der Wortfamilie wie „Hauptsache" hilft hier nicht weiter, da die fragliche Stelle die Adjektivendung betrifft. Dasselbe gilt für den Wortstamm.

402

	Nummer der Regel
a) Antonia hat sich am <u>MORGEN</u> entschieden, das Zimmer zu nehmen.	1
b) Sie gibt <u>MORGEN</u> ihrer Freundin Bescheid.	3
c) Ihre <u>MORGENDLICHE</u> Müdigkeit stößt auf das Unverständnis ihrer Mutter.	4

✎ **Hinweis: a)** „Morgen" ist hier ein Nomen („der Morgen"). Nomen erkennst du an typischen Nomenbegleitern wie Artikeln. Der Artikel ist hier mit der Präposition verschmolzen („am" = „an dem Morgen"). **b)** Adverbien geben Umstände an wie z. B. Ort oder Zeit. In diesem Fall nennt das Adverb den Zeitpunkt: „morgen" = am nächsten Tag. **c)** Dass „morgendlich" ein Adjektiv ist, kann man zum einen von der typischen Adjektivendung „-lich" ableiten. Zum anderen kannst du es daran erkennen, dass es sich auf ein Nomen („Müdigkeit") bezieht und dieses näher beschreibt.

403

	Suffix
a) Zeugnisse	**-nis-**
b) Genügsamkeit	**-keit**

✎ **Hinweis:** Sowohl „-nis" als auch „-keit" sind typische Endungen von Nomen (z. B. „Ergebnis", „Sparsamkeit") und sind somit für die Großschreibung der Wörter verantwortlich.

404

		getrennt	zusammen
a)	Antonias Mutter hat nicht die Absicht, für das Zimmer <u>zu zahlen</u> / <u>zuzahlen</u>.	☒	☐
b)	Antonias Mutter möchte nicht für das Zimmer <u>zu zahlen</u> / <u>zuzahlen</u>.	☐	☒
c)	Antonia muss ihren ganzen Mut <u>zusammen nehmen</u> / <u>zusammennehmen</u>.	☐	☒

✎ **Hinweis: a)** Es handelt sich hier um einen erweiterten Infinitiv des Verbs „zahlen". Das „zu" gehört nicht zum Verb selbst. **b)** In diesem Fall lautet das Verb in der Grundform „zuzahlen". **c)** Achte auf die Betonung: Hat das Wort nur eine Betonung, schreibst du zusammen. Haben „zusammen" und „nehmen" jeweils eine eigene Betonung, wird getrennt geschrieben.

5 Überarbeiten eines Textes

		Korrektur
501	Im 8. Jahrhundert ~~entwickelt~~ sich aus den kleinen Inseln einer sumpfigen Lagune die See- und Handelsmacht Venedig.	G (Tempus): entwickel**te**
* 502	Heute gehört die Stadt zum Weltkulturerbe und ist nicht ohne ~~grund~~ Europas beliebtestes Städtereiseziel.	R: **G**rund
* 503	Der Canal Grande, Venedigs großer Kanal⌐,⌐durchfließt die Stadt in zwei großen Bogen und ist die wichtigste Verkehrsader.	Z: *(Korrektur direkt im Satz)*
504	Moderne Schnellboote und mit ~~Frisch-wahren~~ beladene Boote sorgen für ein bewegtes Treiben auf dem Kanal.	R: Frischw**a**ren
505	Auf dem Markusplatz zaubern fantastische Bauwerke gemeinsam mit ~~zahlosen~~ Tauben ein ganz besonderes Ambiente.	R: zah**ll**osen
* 506	Der Glockenturm mit einer Höhe von 99 ~~Meter~~ ermöglicht einen herrlichen Blick über die Lagunenstadt.	G (Kasus): Meter**n**
507	Viele Besucher ~~gucken~~ den herrlichen Markusdom und den Dogenpalast ~~an~~.	A (Umgangssprache): **sehen … (an)**
508	Auch Venedigs Cafés sind beliebt, weil man ~~kann~~ dort guten Kaffee trinken.	G (Satzbau): …, weil man dort guten Kaffee trinken **kann**.
509	Den Abend lässt man am besten in einem exquisiten Restaurant ausklingen⌐,⌐wo man mit regionalen Köstlichkeiten verwöhnt wird.	Z: *(Korrektur direkt im Satz)*
510	Doch die Stadt wird durch die gigantischen Kreuzfahrtschiffe bedroht, ~~obwohl~~ diese die Bausubstanz zerstören.	G (Konjunktion): **da / weil / insofern als / dadurch dass**

✎ **Hinweis:**

501) Es ist von einem Ereignis in der Vergangenheit die Rede, deshalb ist das Tempus (= die Zeit-form) Präsens („entwickelt") hier falsch. Es muss das Präteritum stehen („entwickelte").

502) „Grund" ist ein Nomen: „der Grund". Daher muss es großgeschrieben werden.

503) Bei „Venedigs großer Kanal" handelt es sich um eine Apposition, das heißt einen Einschub in den Satz, der das vorausgehende Nomen (hier der Eigenname „Canal Grande") näher beschreibt oder präzisiert. Eine Apposition wird stets vorne und hinten durch Komma vom Satz abgetrennt.

504) Die „Ware" im Sinne von „Handelsgut", „Verkaufserzeugnis" hat nichts mit dem Wort-stamm „wahr" oder „Wahrheit" wie „wirklich"/„Wirklichkeit" zu tun. Sie wird ohne Dehnungs-h geschrieben.

505) Das Zerlegen des Wortes in seine Bestandteile kann dich hier auf die Spur des Fehlers bringen. Das Wort „zahllos" setzt sich zusammen aus dem Nomen „Zahl" und der Adjektivendung „-los". Beide Wortbestandteile werden zusammengesetzt, sodass sich ein Doppel-l ergibt.

506) Auf die Präposition „von" muss der Dativ folgen (z. B. Singular: „von dem Fehler", Plural: „von den Fehlern"). „Meter" steht hier aber im Nominativ. Im Dativ lautet das Nomen „von (den) Meter_n_".

507) Finde ein standardsprachliches Wort für das umgangssprachliche „angucken".

508) Im Nebensatz (hier durch „weil" eingeleitet) steht das konjugierte Verb immer am Ende. Die Satzstellung „Man kann … trinken." wäre in einem Hauptsatz richtig.

509) Das Relativpronomen „wo" leitet hier einen Nebensatz ein, der das „exquisite Restaurant" näher beschreibt. Der Relativsatz muss vom Hauptsatz durch Komma abgetrennt werden. Dass es sich um zwei Sätze handelt, kannst du auch daran erkennen, dass zwei konjugierte Verben vor-handen sind: „lässt" und „wird".

510) Der Zusammenhang, der zwischen beiden Aussagen besteht, ist ein kausaler: Die Schiffe sind der Grund für die Bedrohung der Bausubstanz.

6   Erstellen eines Schreibplans

✦ **Hinweis:** Das **Thema** und die damit verbundene **Problemfrage** sind dir vorgegeben. Lies dir erst einmal in Ruhe die beschriebene Situation und die gegebenen Argumente durch. Du kannst daraus diese wichtigen Infos entnehmen: a) Secondhandkleidung kann unmodern und in schlechtem Zustand sein. b) Secondhandkleidung ist individuell und umweltschonend.

Im vorgegebenen Schreibplan stehen bereits die **zwei Positionen**, die ausgeführt werden sollen. Du kannst dich aber frei entscheiden, welche du als These und welche als Gegenthese verwenden möchtest. Das heißt, du musst zunächst eine der vorgegebenen Thesen streichen und dann im zweiten Teil die andere.

Um dir das Finden von **Argumenten und Gegenargumenten** zu erleichtern, sind dir vier Meinungsäußerungen zum Thema schon vorgegeben. Diese musst du allerdings umformulieren und ausbauen, du kannst sie nicht einfach nur übernehmen. Eine besondere Leistung wird von dir beim dritten Argument und Gegenargument verlangt, denn hier musst du dir selbst etwas ausdenken.

Auch für die **Einleitung** und den **Schluss** musst du dir selbst etwas Passendes überlegen. Am Ende sollst du ein **Fazit** ziehen, also das Ergebnis deiner Ausführungen zusammenfassen, und eine **Empfehlung** zum Thema aussprechen.

Je gründlicher du bei der Erstellung des Schreibplans vorgehst und je besser du hier schon das Thema durchdenkst, umso leichter wird dir das anschließende Schreiben der Erörterung fallen. Du musst nur daran denken, dass die **Überleitungssätze** zwischen den einzelnen Abschnitten im Schreibplan nicht verankert sind und bei der Ausformulierung der Erörterung noch eingefügt werden müssen.

601 und **602)** Für die Einleitung ist dir zwar durch die Aufgabenstellung der Schreibanlass in groben Zügen vorgegeben. Du musst dir aber auch selbst noch etwas einfallen lassen, um die Leserinnen und Leser zum Thema „Kauf von Secondhandkleidung" hinzuführen. Oft bietet sich zum Einstieg eine dieser Möglichkeiten an: ein aktuelles Ereignis, eine Definition, ein persönliches Erlebnis oder ein konkretes Beispiel.

603–608) Eine Erörterung sollte dem Sanduhrprinzip folgen. Dazu beginnst du zunächst mit der These, die nicht deiner persönlichen Meinung entspricht, und ordnest die drei zugehörigen Argumente vom stärksten zum schwächsten hin an. Zwei Argumente kannst du aus den gegebenen Meinungsäußerungen ableiten. Denke aber daran, dass du diese Äußerungen zu Argumenten umformulieren musst. Etwas schwieriger ist das dritte Argument, denn das musst du allein entwickeln. Hier kommt es darauf an, dass du dich gut in das Thema „hineindenkst". Die Belege / Beispiele sollten das jeweilige Argument untermauern und den Inhalt des Arguments veranschaulichen.

Um dann die andere Seite zu erörtern, ist ein kurzer Überleitungssatz wichtig. Oft reicht es schon aus, zu erwähnen, dass ein Thema / Problem immer zwei Seiten hat und diese erst einmal wertneutral betrachtet werden müssen. Deine Meinung sollte erst im Schlussteil eine Rolle spielen.

609–614) Hier lässt du die These stehen, die deinem Standpunkt eher entspricht, also die, die du oben ausgestrichen hattest. Nun beginnt der zweite Teil der „Sanduhr", das heißt, du beginnst jetzt mit dem schwächsten Argument und steigerst die Aussageintensität zum letzten Argument hin. Auch hier kannst du zwei Argumente wieder aus den Meinungsäußerungen ableiten und *musst das dritte Argument selbstständig finden. Nutze für die Belege und Beispiele dein Allge-meinwissen.*

615) *Im Schlussteil sollst du deine persönliche Meinung zum Thema formulieren. Auch wenn du hier gerne so schreiben möchtest, wie du in einer mündlichen Diskussion auf das Thema reagieren würdest, solltest du aufpassen, dass sich keine Umgangssprache einschleicht.*

616) *Im abschließenden Fazit kannst du noch einmal das, was du als wichtigste Erkenntnis emp-findest, hervorheben.*

617) *Daraus ableitend soll eine Empfehlung ausgesprochen werden, die deinen Leserinnen und Lesern hilft, Stellung zum Thema „Kauf von Secondhandkleidung" zu beziehen und evtl. ihr eigenes Handeln zu überdenken.*

Gliederungsraster:

		1. Einleitung
601	Schreibanlass / aktueller Anlass	Schulprojekt zum Thema Konsumverhalten, Arbeits-gruppe diskutiert Kauf von Secondhandkleidung
602	Hinführung zum Thema	• aktueller Trend: Fast Fashion • Gegenüberstellung und Definition: Secondhand-kleidung
		2. Hauptteil
	These	~~Das Kaufen von Secondhandkleidung ist empfehlens-wert.~~ Das Kaufen von Secondhandkleidung ist abzulehnen.
603	1. Argument	Der Kauf gebrauchter Kleidung gefährdet Arbeits-plätze.
604	Beleg / Beispiel	• zahlreiche Menschen arbeiten in der Textil- und Modeindustrie • besonders in ärmeren Ländern oft Abhängigkeit von diesem Industriezweig
605	2. Argument	Secondhandkleidung hat eine kurze Lebensdauer für den Käufer.
606	Beleg / Beispiel	• Gebrauchsspuren und Abnutzung machen die Klei-dung unattraktiv • keine Garantie über den Zustand
* 607	3. Argument	Man kann sich auf diese Weise nicht aktuellen Trends entsprechend kleiden.
* 608	Beleg / Beispiel	• gebrauchte Kleidung ist oft Jahre alt • für modebewusste Jugendliche schwierig

	Gegenthese	Das Kaufen von Secondhandkleidung ist empfehlenswert. ~~Das Kaufen von Secondhandkleidung ist abzulehnen.~~
609	1. Argument	Secondhand bietet die Möglichkeit, sich individuell zu kleiden.
610	Beleg / Beispiel	• Einzelstücke, die kein anderer trägt • fördert Kreativität und den eigenen Stil
611	2. Argument	Gebraucht einkaufen lohnt sich finanziell.
612	Beleg / Beispiel	• Ersparnis beim Erwerb günstiger Teile • Designerstücke, die sonst unerschwinglich wären
* 613	3. Argument	Secondhandkleidung schont die Umwelt.
* 614	Beleg / Beispiel	• Einsparung von Ressourcen • weniger Umweltbelastung durch Chemikalien und Mikroplastik
		3. Schluss
615	persönliche Meinung	Gebrauchte Kleidung zu kaufen ist eine gute Sache. • bereichert den Einzelnen • gut für die Umwelt
* 616	Fazit	Man sollte generell beim Shopping darüber nachdenken, was wirklich nötig ist und bei welchen Produkten man auf Gebrauchtes zurückgreifen kann.
* 617	eine Empfehlung	Appell zum Kauf von Secondhandware • umschauen und offen sein für Gebrauchtes • Börsen im Internet nutzen

7   Umsetzung des Schreibplans: Verfassen einer Erörterung

✦ *Hinweis: Verfasse nun auf der Grundlage deines Schreibplans eine Erörterung. Achte unbedingt darauf, die Gliederung einzuhalten, denn dies fließt in die Bewertung deines Aufsatzes mit ein. Formuliere passende Überleitungen, um deine Argumente miteinander zu verknüpfen; auf keinen Fall solltest du sie einfach nur aneinanderreihen. Gestalte deinen Text übersichtlich und nimm dir am Schluss Zeit für einen Korrekturdurchgang, um Grammatik-, Rechtschreib- und Zeichensetzungsfehler zu berichtigen.*

Sollte man Secondhandkleidung kaufen?

Immer wieder heißt es, wir leben in einer Konsumgesellschaft. Tatsächlich gehört das „Shoppen" für viele von uns zum Alltag. Es macht uns Spaß, uns von unserem Taschengeld oder dem im Nebenjob erarbeiteten Geld etwas Schönes zu kaufen, und manche bezeichnen Shopping sogar als ihr Hobby. Anlässlich unseres aktuellen Schulprojekts zum Thema Konsumverhalten haben viele von uns das erste Mal intensiver über das Thema Konsum und auch den eigenen Umgang damit nachgedacht. In meiner Arbeitsgruppe ging es dabei speziell um das Thema „Secondhandkleidung", also den Kauf gebrauchter Kleidung. Während aktuell „Fast Fashion" sehr angesagt ist, was bedeutet, sich in immer kürzeren Abständen Kleidung entsprechend der neuesten Trends zu holen und diese dann nur kurz zu tragen, ist das Modell des Secondhandhandels genau entgegengesetzt: Hierbei kann man Kleidung erwerben, die bereits von jemandem getragen und ausrangiert wurde, die aber noch gut erhalten und damit zu schade für die Mülltonne ist. In den Diskussionen in unserer Gruppe zeigte sich schnell, dass es sowohl eifrige Befürworter als auch deutlich ablehnende Stimmen dazu gab. Daher sollen im Folgenden die verschiedenen Argumente einmal genauer beleuchtet werden.

Zunächst geht es darum, warum das Kaufen von Secondhandkleidung abzulehnen ist. Ein Argument hierfür ist, dass der Kauf gebrauchter Kleidung Arbeitsplätze gefährdet. Die Mode- und Textilindustrie ist riesig und unzählige

Einleitung:

Schreibanlass / aktueller Anlass

Hinführung zum Thema

These

1. Argument

Beleg/Beispiel

Menschen sowohl hierzulande als auch im Ausland sorgen dafür, dass die vielen Bekleidungsläden in unseren Städten so gut bestückt sind. Dazu zählen Modedesigner, die Schnitte, Muster und Formen entwerfen, ebenso wie die Fabrikarbeiter, die die Stoffe zuschneiden, färben und nähen. Aber auch die Verkäufer und Berater in den Filialen oder die Mitarbeiter im Kundenservice und Marketing der Online-Händler gehören dazu. All diese Menschen verdienen ihren Lebensunterhalt durch die Verkäufe von neuer Bekleidung oder Schuhen, die täglich stattfinden. Insbesondere in Ländern, wo viele Firmen ihre Mode produzieren lassen, wie etwa in Bangladesch oder Indien, sind gerade die ärmeren Teile der Bevölkerung existenziell von der Arbeit in den Fabriken abhängig. Der Kauf von Gebrauchtware entzieht all diesen Menschen ihre Einkommensquelle.

Ein weiteres Argument gegen den Erwerb von Secondhandkleidung ist, dass die Lebensdauer der gekauften Kleider für den neuen Besitzer sehr verkürzt ist, da bereits Abnutzung stattgefunden hat. Ein mehrfach getragenes und gewaschenes Kleidungsstück hat automatisch Gebrauchsspuren: Das Waschen bleicht die Farben aus oder die Farbe verändert sich durch das Waschmittel. Kleidung passt sich auch immer an die Form des jeweiligen Körpers an, sodass sie an bestimmten Stellen verzogen oder ausgeleiert ist. All dies sorgt dafür, dass die gebrauchte Kleidung schon nach Kurzem unschön aussieht und nicht mehr gut sitzt. Auch hat der Käufer keine Garantie über den Zustand der Ware wie bei einem Neukauf. So kann man nicht ausschließen, dass etwa ein Reißverschluss unmittelbar nach dem Kauf kaputtgeht, weil er, anders als bei einer neuen Jacke oder einer neuen Hose, bereits vielfach auf- und zugemacht worden ist. Ein Rückgaberecht gibt es bei Secondhandware normalerweise nicht.

Schließlich spricht gegen Secondhandkleidung auch, dass man sich auf diese Weise nicht aktuellen Trends entsprechend kleiden kann. Zieht man los, um sich neue Klei-

2. Argument

Beleg/Beispiel

3. Argument

Beleg/Beispiel

dung zu gönnen, geht es oft auch darum, sich (wieder) zeitgemäß anzuziehen und sich von überholten Trends zu verabschieden. Gebrauchte Kleidungsstücke sind aber in der Regel schon einige Monate oder Jahre alt und entsprechen somit nicht dem aktuellen Geschmack. So kann es sehr schwierig sein, in einem Secondhandladen beispielsweise eine Jeans zu finden, die derzeit angesagten Schnitten entspricht und nicht wie aus dem letzten Jahrzehnt wirkt. Gerade für Jugendliche spielt das Aussehen und die äußere Wirkung oft eine große Rolle, sodass die wenigsten es riskieren möchten, sich mit Kleidern zu zeigen, die altmodisch wirken.

Diesen ablehnenden Argumenten zum Thema Secondhandkleidung sind allerdings auch einige entgegenzusetzen, die die These stützen, dass das Kaufen von gebrauchter Kleidung durchaus empfehlenswert ist. *Überleitung zur Gegenthese*

So bietet Secondhandware die Möglichkeit, sich individuell zu kleiden. Bei den großen Modeketten werden Kleidungsstücke als Massenware produziert und verkauft. Daher ist es vermutlich den meisten schon einmal passiert, dass sie auf der Straße oder in der Schule jemandem begegnet sind, der dasselbe Shirt oder Kleid trägt, das man selbst im Schrank hängen hat. Bei Kleidungsstücken aus dem Secondhandladen ist die Wahrscheinlichkeit, dass so etwas passiert, hingegen gering, da es sich in der Regel um Einzelstücke handelt. Kleidung bietet uns die Möglichkeit, die eigene Persönlichkeit und den eigenen Geschmack nach außen hin zu zeigen, kreativ zu sein und sich zu entfalten. Hierfür kann sich der Secondhandbereich als äußerst hilfreich erweisen. Da die Kleidung in solchen Läden aus ganz unterschiedlichen Zeiten und Stilrichtungen stammt, kann man außergewöhnliche Stücke aufstöbern, Ungewöhnliches kreativ kombinieren und vergangene Trends individuell zu neuen Looks zusammenstellen und so seinen ganz eigenen Stil entwickeln. *1. Argument* / *Beleg/Beispiel*

Des Weiteren lohnt sich der Gebrauchtkauf auch finanziell. Die Ware aus zweiter Hand ist in aller Regel deutlich güns- *2. Argument* / *Beleg/Beispiel*

tiger als der Kauf neuer Kleidung. Manche Secondhandläden bieten sogar Pauschalen an, bei denen die Kleidungsstücke nicht einzeln, sondern nach Gewicht bezahlt werden. So kann man häufig für dasselbe Geld sehr viel mehr
Teile erwerben, als wenn man Shirts, Jacken und Hosen
einzeln neu kauft. Gerade für junge Leute, die oft etwas
knapp bei Kasse sind, kann der Kauf von Gebrauchtem eine
gute Sache sein. Darüber hinaus gibt es Secondhandläden,
die sich speziell auf Designerware und teure Marken konzentrieren. Für viele Menschen sind ein Chanel-Rock oder
eine Gucci-Handtasche unerschwinglich. Findet man ein
solches Stück aber gebraucht, kann sich auch jemand mit
etwas kleinerem Budget über die Besonderheit in seiner
Garderobe freuen.

Das wichtigste Argument, warum der Kauf von Secondhandkleidung zu empfehlen ist, ist der Umweltaspekt. Es
ist bekannt, dass zur Herstellung neuer Kleidung unheim-
lich viele Ressourcen aufgewendet werden müssen. Das
beginnt mit der Anpflanzung und Ernte von Baumwolle
oder der Herstellung synthetischer Fasern, wofür jeweils
große Mengen an Wasser und Energie benötigt werden.
Dies belastet die Umwelt, zumal es oft in Ländern stattfindet, wo Wasser Mangelware ist. Auch die Weiterver-
arbeitung der Fasern und Textilien stellt eine große Um-
weltbelastung dar. Zum Färben beispielsweise werden gif-
tige Chemikalien eingesetzt. Da die Produktion oft in asia-
tischen Ländern stattfindet, wo es wenige Kontrollen gibt,
werden die giftigen Stoffe in vielen Fällen nicht um-
weltgerecht entsorgt, sondern einfach in die Gewässer abgeleitet und gelangen so in den Wasserkreislauf. Die Zunahme der Kunstfaserproduktion durch die hohe Nach-
frage an neuer Kleidung sorgt darüber hinaus dafür, dass
immer mehr Mikroplastik in unsere Seen und Meere ge-
langt, was sowohl unsere Umwelt als auch unsere Gesundheit dauerhaft schädigen kann. Jedes Kleidungsstück also,
das möglichst lange genutzt wird, und jedes neue Teil, das
nicht gedankenlos gekauft wird, schont in erheblichem

3. Argument

Beleg/Beispiel

Maße unsere Umwelt und hat somit einen positiven Effekt für uns alle.

Ich persönlich bin deshalb der Meinung, dass es eine gute Sache ist, nicht alles neu zu kaufen, sondern die Möglichkeit von Secondhandware zu nutzen, wenn sie sich bietet. *persönliche Meinung und Fazit* Diese Art, zu konsumieren, kann für den Einzelnen eine Bereicherung darstellen – im Hinblick auf den Stil ebenso wie auf die Finanzen – und ist zudem von Vorteil für die Umwelt. Schlussendlich betrifft diese Frage auch nicht nur den Kleidungskauf, sondern unser Konsumverhalten insgesamt. So ist sicherlich nicht jeder Spontankauf zwingend nötig und unerlässlich für die eigene Zufriedenheit. Die obigen Argumente haben gezeigt, dass es sich durchaus lohnt, beim Shopping einen Moment darüber nachzudenken, bei welchen Produkten man ohne Probleme auf Gebrauchtes zurückgreifen oder möglicherweise sogar einmal ganz verzichten kann.

Abschließend empfehle ich deshalb allen: Seht euch um in *Empfehlung* eurer Stadt und geht einmal in einen der Secondhandläden hinein. Sicher seid ihr überrascht, welche Fundstücke ihr dort auftun könnt. Und schließlich bietet bekanntermaßen das Internet alles, was man sich wünschen kann. Auf zahlreichen Seiten bieten Menschen dort ihr gebrauchtes Hab und Gut an, sodass auch hier das ein oder andere Schnäppchen zu machen ist. Viel Spaß beim Stöbern!

Bewertungstabelle:

Note	1	2	3	4	5	6
eBBR Punkte	≥ 84	83–72	71–59	58–45	44–23	22–0
MSA Punkte	120–112	111–100	99–88	87–72	71–36	35–0

Abschlussprüfung Deutsch 2021

Hinweis: Wegen der Corona-Pandemie fanden die schriftlichen und mündlichen Prüfungen zum MSA und zur eBBR in **Berlin** im Jahr 2021 nicht statt. Die folgenden Lösungen sind die zu den **Original-Prüfungsaufgaben 2021**, die in **Brandenburg** gestellt wurden.

1 Influencer: Die Einfluss-Reichen *(Mareike Nieberding, Björn Stephan)*

Sachtext „Influencer: Die Einfluss-Reichen" – Aufgaben zum Textverständnis

101			richtig	falsch
	a)	Er ist blond und schmalschultrig.	☒	☐
	b)	Er gründete mit 15 Jahren seine eigene Firma.	☐	☒
	c)	Er besucht in Hamburg ein Gymnasium.	☒	☐
	d)	Er ist ein Influencer und macht Werbung für Markenartikel.	☐	☒
	e)	Er ernährt sich vegetarisch.	☐	☒

Hinweis: a) Vgl. Z. 15. *b)* Charles Bahr ist „noch keine 16 Jahre alt" (Z. 2 f.) und „gründete die Firma vor einem Jahr" (Z. 48 f.). Daraus ergibt sich, dass er bei Firmengründung noch keine 15 Jahre alt war. *c)* Vgl. Z. 37 f. *d)* Bahr ist selbst kein Influencer, sondern betreibt eine Firma für Influencer-Marketing (vgl. Z. 58–61 und Z. 87 f.). *e)* Er „isst argentinisches Rinderfilet" (Z. 92).

102	a)	Firmenname	**tubeconnect media**
	b)	offizielle Geschäftsführerin	**eine Freundin seiner Mutter**
	c)	Anzahl der Beschäftigten	**10 Mitarbeiter**
	d)	Tätigkeitsfeld der Firma	**Entwurf von Internet-Werbekampagnen / Marketing**

Hinweis: a)–c) Vgl. Z. 45–50. *d)* Vgl. Z. 53–57.

* 103

Textbeleg 1	Z. 41–43: „Die [Reisevollmacht] hat sich Bahr von seiner Mutter unterschreiben lassen, damit er allein ins Ausland fliegen darf."
Textbeleg 2	Z. 43–45: „Er ist zu jung für eine eigene Kreditkarte, zu jung eigentlich auch für seine Firma" / Z. 49 f.: „Sie wird offiziell von einer Freundin seiner Mutter geführt."

✎ *Hinweis: Hier sollst du zwei Textbelege dafür finden, dass Charles Bahrs Leben nicht unabhängig ist und er immer noch von Erwachsenen abhängig ist. Achte darauf, dass die Belege aus Z. 37–50 stammen und richtig zitiert sind. Dazu gehört auch das Setzen von Anführungszeichen und das Nennen der genauen Textstelle.*

* 104 Mit seiner Firma versucht Charles Bahr, Werbung für Jugendliche optimal zu gestalten. Er möchte zwischen der Online-Welt der Jugendlichen und der Offline-Welt der Firmen vermitteln.

✎ *Hinweis: Du hast dich schon in der Aufgabe 102 d) mit dem Tätigkeitsfeld von Charles Bahrs Firma beschäftigt. Aus den folgenden drei Textstellen musst du die Antwort verallgemeinern: Z. 58–61, Z. 86–88, Z. 117–119.*

105

Influencer …	richtig	falsch
a) müssen sportlich sein.	☐	☒
b) verdienen durch Werbung Geld.	☒	☐
c) sprechen vor allem junge Menschen an.	☒	☐
d) sind außerordentlich attraktiv.	☐	☒
e) zeichnen sich durch besondere Talente aus.	☐	☒

✎ *Hinweis: a) Vgl. Z. 129–131. b) Vgl. Einleitung über dem Text und Z. 148–150. c) Vgl. Z. 136 f., 156–162. d) Vgl. Z. 131–134. e) Vgl. Z. 134–141.*

* 106 a) Kirchen- oder Staatsoberhäupter
   b) junge Frauen/Männer, die ihr Leben öffentlich machen

✎ *Hinweis: Beim Arbeitsauftrag „notieren" genügt es, die Antwort in Stichworten zu formulieren. a) Vgl. Z. 151–154. b) Vgl. Z. 154–172.*

* 107 • kostengünstiger, weil keine Texter, Regisseure, Kameraleute oder Casting-Agenturen nötig sind
  • zielgruppengenaue Werbung

  ✏ *Hinweis: a) Vgl. „ohne sündhaft teure Filmdrehs [...], ohne Texter, Regisseure, Kamera-leute, Casting-Agenturen" (Z. 245–248). b) Vgl. „die direkt bei der Zielgruppe landet" (Z. 248 f.).*

108

a)	Instagram-Fotos um 2010	• spontane Schnappschüsse • manchmal unvorteilhaft
b)	Instagram-Fotos heute	• arrangierte und bearbeitete Bilder • einstudierte Posen

✏ *Hinweis: a) Vgl. Z. 207–214. b) Vgl. Z. 215–229.*

109 „Er meint damit: Facebook ist die Heimat der Alten" (Z. 204–206). Mit den „Alten" ist die Elterngeneration gemeint, die durchaus das Internet nutzt, aber nicht in der perfektionierten Welt der Influencer.
Damit beschreibt er Facebook als veraltet und als Kommunikationsplatt-form eher älterer Menschen.

✏ *Hinweis: Hier ist eine Erklärung gefordert, d. h., du musst die Lösung in ganzen Sätzen formulieren. Lies dir zuerst den Zusammenhang der Textstelle durch, die in der Aufgaben-stellung zitiert ist. Du solltest erkennen, dass Facebook zu den älteren Social-Media-Platt-formen gehört und deshalb eher von der heutigen Elterngeneration gebraucht wird und diese Community eher nicht die „Youngsters" sind, auf die in Z. 118 f. eingegangen wird.*

Aufgaben zum Sprachwissen und zur Sprachbewusstheit (Text 1)

151 Auf der Messe <u>redet</u> er / <u>unterhält</u> er <u>sich</u> / <u>spricht</u> er mit vielen Men-schen.

✏ *Hinweis: Im Ausgangssatz entspricht das Wort „quatschen" nicht der Standardsprache, es ist also umgangssprachlich oder jugendsprachlich. Sollten dir selbst keine Synonyme (Wörter mit gleicher oder ähnlicher Bedeutung) einfallen, kannst du auch „quatschen" im Wörterbuch nachschlagen und ein passendes Verb auswählen.*

152

Fremdwörter	deutsche Bezeichnung / Nummer
a) Optimierung	**Verbesserung / 2**
b) Idol	**Vorbild / 4**
c) Casting	**Auswahlverfahren / 1**
d) Marketing	**Vermarktung / 3**

✎ **Hinweis:** *Auch hier hilft dir das Wörterbuch, wenn du die Bedeutung der Wörter nicht kennst.*

* 153   Während der erste Satz aussagt, dass die Influencer im Internet werben, betont die nachträgliche Erläuterung im zweiten Satz, dass die Werbung gezielt erfolgt. Auch wenn die Werbung wie beiläufig wirken soll, ist das eine geplante und gewollte Aktion. Mit dieser Werbung verdienen Influencer Geld, deshalb ist das nicht beiläufig, sondern ihr Hauptgeschäft.

✎ **Hinweis:** *Hier ist wieder eine Erklärung gefordert, d. h., du musst die Lösung in ganzen Sätzen formulieren. Mache dir zunächst klar, was der erste Satz bedeutet: „Influencer machen im Internet Werbung." Überlege dann, was die nachträgliche Erläuterung im zweiten Satz verändert: „…, keineswegs beiläufig, …". Wenn du das Wort „beiläufig" nicht kennst, schlage im Wörterbuch nach (beiläufig = nebensächlich, nebenbei). Die nachträgliche Erläuterung bedeutet also, dass es nicht nebenbei geschieht.*

154

	Begründung
a) Es ist fünf Uhr, und er sitzt hellwach auf dem Flughafen.	**3** (Satzreihe)
b) Er ist zu jung für eine eigene Kreditkarte, zu jung für eine eigene Firma.	**1** (Aufzählung)

✎ **Hinweis:** *Ein **Satzgefüge** besteht aus einer Verbindung von Hauptsatz und Nebensatz. Eine **Satzreihe** ist eine Aneinanderreihung von Hauptsätzen. Ob es sich um einen Haupt- oder Nebensatz handelt, erkennt man an der Stellung der finiten (= gebeugten) Verbform: Im Hauptsatz steht die finite Verbform an erster oder zweiter Satzgliedposition, im Nebensatz steht die finite Verbform am Ende.*
a) *Die finiten Verbformen „ist" und „sitzt" stehen in den beiden Teilsätzen jeweils an zweiter Stelle. Es handelt sich also um Hauptsätze, die eine Satzreihe bilden.* **b)** *Hier gibt es nur <u>eine</u> finite Verbform, also handelt es sich um einen einfachen Satz. Wir haben es hier mit einer Aufzählung zu tun.*

155

Nomen	Verb	Adjektiv
a) Kritik	**kritisieren**	**kritisch**
b) **Spott**	spotten	**spöttisch**
c) **Optimum**	**optimieren**	optimal

✎ *Hinweis: Versuche, den Wortstamm der gegebenen Wörter zu erkennen und davon stammverwandte Wörter zu bilden, die der gefragten Wortart angehören. Wenn dir nichts einfällt, schlage die Wörter im Wörterbuch nach. Die stammverwandten Wörter sollten im dazugehörenden Wörterbucheintrag oder unmittelbar in der Nähe zu finden sein.*

156   Die Firma wurde von Bahr vor einem Jahr gegründet.

✎ *Hinweis: Von einem Passivsatz spricht man, wenn die Aktion des Verbs nicht vom Subjekt ausgeht, sondern etwas mit dem Subjekt geschieht. Um einen Passivsatz zu bilden, muss das Objekt des aktiven Satzes („die Firma") zum Subjekt werden und das Prädikat ins Passiv umgewandelt werden („werden" + Partizip II). Das Subjekt des aktiven Satzes („Bahr") erscheint mit der Präposition „von". Alle anderen Satzglieder verändern sich nicht.*

* 157

		Nummer
a)	Er hält seine Visitenkarte wie eine Waffe in der Hand.	**4** (Vergleich)
b)	Vor dem Ticketschalter bildet sich eine Schlange.	**3** (Metapher)
c)	Die Bilder der Stars gehen um die Welt.	**1** (Personifikation)

✎ *Hinweis: a) Mindestens zwei Dinge oder Personen („seine Visitenkarte" und „eine Waffe") werden mithilfe eines Vergleichswortes („wie") miteinander **verglichen**. b) Hier wird „eine Schlange" als bildliche Darstellung ohne Vergleichswort auf eine Ansammlung wartender Menschen übertragen **(Metapher)**. c) „Die Bilder" werden vermenschlicht, indem sie „gehen" können **(Personifikation)**.*
*Eine **Anapher** (Wiederholung am Satz- oder Versanfang) kommt in der Aufgabe nicht vor.*

2 Hyde *(Antje Wagner)*

Literarischer Text „Hyde" – Aufgaben zum Textverständnis

201

a) Name	Katrina
b) Alter	18 Jahre
c) Beruf	Tischlerin

🖉 **Hinweis: a)** *Vgl. Z. 90.* **b)** *Vgl. Z. 110.* **c)** *Vgl. Z. 112.*

202

	richtig	falsch
a) Sie ist blond.	☒	☐
b) Sie arbeitet beim Radio.	☒	☐
c) Sie ist erkältet.	☐	☒
d) Sie trägt Schmuck.	☒	☐
e) Sie ist auf dem Weg ins Theater.	☐	☒

🖉 **Hinweis: a)** *Die Autofahrerin hat „hochgestecktes blondes Haar" (Z. 4 f.). An anderer Stelle im Text steht allerdings, ihr Haar habe „die Farbe von Buchenrinde" (Z. 156), was eher grau-braun, aber nicht blond ist. Man könnte hier also auch „falsch" ankreuzen.* **b)** *An verschiedenen Stellen des Textes geht die Frau in der Unterhaltung auf ihre Arbeitsstelle, das Radio, ein (vgl. Z. 77 f., Z. 180 f.).* **c)** *Nicht die Fahrerin, sondern die Ich-Erzählerin scheint erkältet zu sein, da sie stark hustet (vgl. Z. 138 f., Z. 162–165).* **d)** *Vgl. Z. 59.* **e)** *Die Fahrerin ist auf dem Weg zu einer Radiostation (vgl. Z. 77 f.).*

203
- Sie humpelt und hat Schmerzen im schwachen linken Bein.
- Sie ist erkältet, ihre Nase ist verschwollen und sie hustet.
- Sie hat Schwierigkeiten beim Sprechen.

🖉 **Hinweis:** *Im Text finden sich einige Andeutungen, ohne dass die körperlichen Probleme der Ich-Erzählerin ausführlich erklärt werden: Probleme mit ihrem linken Bein (vgl. Z. 15 f., Z. 41 f.), Husten / Bronchitis (vgl. Z. 138 f., Z. 163–165) und Probleme beim Sprechen (vgl. Z. 94 f., Z. 131–133, Z. 215 f.). Es genügt, zwei Probleme zu nennen, um die volle Punktzahl zu erreichen.*

204 a) Nur die Augen der Erzählerin werden vom Tuch nicht bedeckt.
   b) Die Fahrerin hält das Tuch für einen Bakterienschutz.
 * c) „Sollte sie ruhig glauben, das Tuch wäre ein Bakterienschutz."

   🖋 *Hinweis: a) Vgl. Z. 176–179. b) Vgl. Z. 180–187. *c) Vgl. Z. 186 f. Hier formuliert die Ich-Erzählerin im Konjunktiv. Damit bringt sie zum Ausdruck, dass sich die Fahrerin irrt, es ihr aber ganz gelegen kommt, denn so fragt sie nicht weiter nach. Damit wird aber auch angedeutet, dass es einen anderen Grund für die Ich-Erzählerin gibt, diesen Mundschutz zu tragen.*

205

Regel	Umsetzung der Regel
a) **Es dürfen keine Kosten für Übernachtungen entstehen.**	Gegenleistung erbringen, z. B. Reparaturarbeiten
b) Es dürfen keine Kosten für die Nutzung von Verkehrsmitteln entstehen.	**laufen oder trampen**

   🖋 *Hinweis: Die benötigten Informationen findest du in Z. 122–146. Achte beim Ausfüllen darauf, dass du einmal eine Regel formulieren und einmal überlegen musst, wie eine Regel umgesetzt werden könnte. Orientiere dich am Gegebenen. a) Vgl. Z. 125–130. b) Vgl. Z. 141–146.*

* 206 Die Tochter der Fahrerin lässt das Auto vermüllen. Am Anfang hat die Mutter noch aufgeräumt und sauber gemacht, hatte damit aber keinen Erfolg. Jetzt lässt sie den Müllberg anwachsen und den Aschenbecher überquellen und trägt sogar zur Vermüllung bei. Sie hofft, dass ihre Tochter von selbst erkennt, dass sie etwas wegwerfen, aufräumen und reinigen muss. Noch ist die Erkenntnis der Tochter nicht eingetreten.

   🖋 *Hinweis: Schon in Z. 22–34 kannst du lesen, dass die Fahrerin genervt ist, weil ihre Tochter ihr Auto vermüllen lässt. Am Anfang hatte die Fahrerin noch selbst aufgeräumt. Nun lässt sie alles liegen, vergrößert das Müllproblem sogar, indem sie so viel raucht, dass der Aschenbecher überquillt (vgl. Z. 188–198). Sie will ihre Tochter also durch Selbsterkenntnis zur Tat zwingen: „Jetzt ist das Maß voll, jetzt spuck ich in die Hände und mach den Dreck weg!" (Z. 193–195).*

* 207
- „Josefine bevorzugte Gesten, die man auch aus der Ferne verstehen würde" (Z. 234–236).
- „Hinter jedem Satz hörte man ein Ausrufezeichen" (Z. 237 f.).
- „Kein Mittelmaß. Nur Extreme" (Z. 239 f.).

✏ **Hinweis:** *Die Beschreibung „Typ für die Bühne" bezieht sich auf Schauspieler*innen, die durch besondere, fast übertrieben deutliche Aussprache das, was sie sagen, mit entsprechenden Gesten verbinden, sodass auch der letzte Zuschauer im Saal versteht, was auf der Bühne gesagt wird.*
Denke daran, die Zeichensetzung und Quellenangabe bei den Zitaten zu beachten. Es genügt, <u>zwei</u> Textbelege zu zitieren, um die volle Punktzahl zu erreichen.

* 208
- „Aber sie fragte anders als andere. Nicht, als wollte sie mich aushorchen und festnageln, sondern als würde sie sich wirklich Sorgen machen" (Z. 105–109).
- „Sagte aber immer noch nichts wegen des Tuchs. Oder meiner Aussprache" (Z. 115–117).

✏ **Hinweis:** *Ein weiteres Beispiel ist das elegante Wechseln vom Du zum Sie, als die Fahrerin Katrinas Alter erfährt (vgl. Z. 117–119).*

* 209

	richtig	falsch
a) Das Erzählverhalten ist auktorial.		☒
b) Der Text erzählt chronologisch.	☒	
c) Der Text ist in der Ich-Form verfasst.	☒	
d) Der Text ist ausschließlich in Außensicht verfasst.		☒
e) Das Erzähltempus ist Präsens.		☒

✏ **Hinweis: a)** *Das Erzählverhalten ist nicht auktorial, da aus der Sicht der Hauptperson erzählt wird.* **b)** *Die Erzählung folgt dem Gang der Ereignisse und die Chronologie wird nicht mit Rückgriffen auf Vergangenes oder vorausschauende Hinweise auf Zukünftiges unterbrochen.* **c)** *Die Erzählerin erzählt aus ihrer Perspektive in der Ich-Form.* **d)** *Der Text ist nicht ausschließlich in Außensicht verfasst, da die Erzählerin die Hauptperson ist und ihre Gefühle und Gedanken wiedergibt (Innensicht).* **e)** *Das Erzähltempus ist Präteritum.*

Aufgaben zum Sprachwissen und zur Sprachbewusstheit (Text 2)

251 Ich habe eine <u>starke</u>/<u>heftige</u>/<u>intensive</u> Erkältung.

> ✎ **Hinweis:** Wie in Aufgabe 151 soll ein Satz in Standardsprache umformuliert werden. Das umgangssprachliche, oft bei Jugendlichen gebrauchte Wort „fett" muss durch ein Synonym ersetzt werden.

252	a) Der Zustand des Autos ist gegenwärtig.	☐
	b) Der Zustand des Autos ist widerwillig.	☐
	c) Der Zustand des Autos ist widerspenstig.	☐
	d) Der Zustand des Autos ist abstoßend.	☒

> ✎ **Hinweis:** Lass dich von der Vorsilbe „wider" (= gegen) nicht auf die falsche Fährte locken. Schlage das Wort „widerwärtig" (= abscheulich, unausstehlich, unerträglich, verabscheuenswürdig) am besten im Wörterbuch nach, wenn du dir nicht sicher bist.

253 Nicht mal ein ordentlicher Fußweg ist hier gebaut worden.

> ✎ **Hinweis:** Das Objekt „einen ordentlichen Fußweg" wird zum Subjekt im Passivsatz und das Prädikat wird ins Passiv umgewandelt („werden + Partizip II"). Achte darauf, die Zeitform des Aktivsatzes beizubehalten. Das Subjekt „sie" kann in der Form „von ihnen" hinzugefügt werden, es muss aber hier nicht genannt werden, weil im Textzusammenhang unklar bleibt, wer damit gemeint ist.

* 254 Alliteration

> ✎ **Hinweis:** Eine Alliteration erkennst du daran, dass zwei oder mehr aufeinanderfolgende Wörter mit demselben Laut beginnen: Die Lähmung löste sich langsam.

* 255 Erleichterung wird hier mit dem Verb „fluten" aus dem Bereich der Gewässer kombiniert und damit wird ein starkes Bild bei den Leserinnen und Lesern erzeugt: Die Erleichterung erscheint wie eine riesige Flutwelle und breitet sich im Körper aus.

> ✎ **Hinweis:** Eine Metapher ist ein sprachliches Bild ohne Vergleichswort. Die geforderte Erklärung ist also die Entschlüsselung des Bildes in dem Satz. Das Wort „fluten" wird hier nicht mit „Wasser", sondern in übertragener Bedeutung mit „Erleichterung" verbunden.

* 256

Merkmal mündlicher Sprache	Beispiel aus den Sätzen
a) Wortkürzung	**bring**
b) Ellipse	**Etwa dreißig Kilometer.**

✎ *Hinweis: **a)** Die vollständige Form sollte in der Standardsprache „ich bringe" lauten. Im mündlichen Sprachgebrauch kommt es häufig zu einer Wortkürzung („ich bring"). **b)** Eine Ellipse ist ein verkürzter Satz. Im zweiten Satz sind das Subjekt und Prädikat ausgelassen. Der vollständige Satz lautet: „Es sind etwa dreißig Kilometer."*

257 Ich schämte mich, weil meine Stiefel so dreckig waren. / Ich schämte mich dafür, dass ich dreckige Stiefel anhatte.

✎ *Hinweis: Ein Satzgefüge ist eine Verbindung von Hauptsatz und Nebensatz. Hier musst du die adverbiale Bestimmung „wegen meiner dreckigen Stiefel" in einen passenden Nebensatz umwandeln. Vergiss nicht, ein Komma zwischen Haupt- und Nebensatz zu setzen.*

3   „Geliebte Limonade"

Diskontinuierliche Texte „Geliebte Limonade" – Aufgaben zum Textverständnis

301   Handelsblatt Media Group

✐ **Hinweis:** *Die Quellenangaben von Grafiken, Statistiken, überhaupt von diskontinuierlichen Texten findest du meist unter dem „Kleingedruckten". Die diskontinuierlichen Texte zum Aufgabenkomplex 3 unter der Überschrift „Geliebte Limonade" haben eine gemeinsame Quelle, die ganz am Ende, unter der letzten Grafik steht.*

302   Die Grafiken informieren über ...

		richtig	falsch
a)	den Umsatz und Gewinn von Coca-Cola und Pepsico.	☒	☐
b)	den Umsatz und Absatz von Limonade in Industrieländern.	☒	☐
c)	den wöchentlichen Limonadenkonsum der Deutschen.	☒	☐
d)	die beliebtesten Limonaden der Deutschen.	☒	☐
e)	die Tendenz des Absatzes von Limonade.	☐	☒

✐ **Hinweis: a)** *Vgl. vorletzte Grafik „Die Weltmarktführer schwächeln" (zweites Blatt, links unten).* **b)** *Vgl. zweite Grafik „Absatz stagniert, Umsatz steigt" (erstes Blatt, unten).* **c)** *Vgl. dritte Grafik „Die Deutschen stehen auf Mineralwasser" (zweites Blatt, rechts oben).* **d)** *Vgl. vierte Grafik „Coca-Cola sechs Mal unter den Top 10" (zweites Blatt, Mitte links).* **e)** *Die Grafiken beziehen sich auf vergangene Zahlen, eine Tendenz für zukünftige Entwicklungen ist nicht ablesbar. Darüber können nur Vermutungen angestellt werden.*

303   a) • Süßgetränke
         • Zuckerwasser
      b) Fanta Orange

✐ **Hinweis: a)** *Auch möglich: Süße Sprudel.* **b)** *Auch möglich: Schweppes Tonic, Coca-Cola, Pepsi, Sprite, 7up, Dr. Pepper.*

* 304 Da in Argentinien sieben Zuckerwürfel weniger pro Liter enthalten sind (23 Stück) als in Deutschland (30 Stück), wäre der Konsum von argentinischer Fanta Orange weniger gesundheitsgefährdend.

    ✎ **Hinweis:** *Die Grafik „Andere Länder, anderer Inhalt" informiert über den Zuckergehalt in Limonadengetränken nach Ländern. Hier musst du sehr genau hinsehen, um die Aufgabe zu lösen, denn die kleingedruckte Fußnote erklärt, dass die Angaben für „Fanta Orange" im letzten Abschnitt sich auch auf die Länder Irland und Argentinien beziehen.*

* 305 Der Umsatz ist in dieser Zeit stärker gestiegen als der Absatz, was bedeutet, dass der Wert der verkauften Produkte höher war als die verkaufte Anzahl. Das kann nur bedeuten, dass die Preise gestiegen sind.

    ✎ **Hinweis:** *Hier geht es um die Grafik „Absatz stagniert, Umsatz steigt", in der dargestellt wird, dass der Absatz und der Umsatz von Erfrischungsgetränken in den Jahren 2010 bis 2017 unterschiedlich stark anstiegen. Das Kästchen neben der Statistik erklärt dir, was du unter Umsatz (Wert verkaufter Produkte) und Absatz (Anzahl verkaufter Produkte) zu verstehen hast. Wenn also der Absatz weniger stark ansteigt, heißt das, dass die Firma nicht viel mehr als im Vorjahr verkauft hat. Da der Umsatz aber sehr viel mehr gestiegen ist, kann das nur bedeuten, dass man mehr Geld eingenommen hat. Das geht nur, wenn man die Preise erhöht.*

306 Viele Staaten nehmen Einfluss auf den Zuckergehalt von Limonaden, indem sie die süßen Getränke mit einer Steuer belegen.

    ✎ **Hinweis:** *Die Lösung findest du im Vortext über den Grafiken: „Etliche Länder haben die Zuckerwasser inzwischen mit einer Steuer belegt." Auch möglich: bewusste Gesundheitspolitik oder bewusste Verbraucherinformation/Deklarationspflicht (Kenntlichmachung des Zuckergehaltes auf der Verpackung).*

4 Richtig schreiben

401

a) ä oder e?		
unz**ä**hlig	1. Ich bilde ein stammverwandtes Wort.	☒
	2. Ich erkenne ein typisches Adjektivsuffix.	☐
	3. Ich trenne das Wort.	☐

b) u oder U?		
unzählig	1. Ich zerlege das Wort in seine Bestandteile.	☐
	2. Ich bilde den Plural.	☐
	3. Ich erkenne ein typisches Adjektivsuffix.	☒

c) g oder ch?		
unzähli**g**	1. Ich verlängere das Wort.	☒
	2. Ich trenne das Wort.	☐
	3. Ich bilde ein stammverwandtes Wort.	☐

> ✏ *Hinweis: In dieser Aufgabe geht es darum, verschiedene Rechtschreibstrategien anzuwenden, um die richtige Schreibweise zu bestimmen. **a)** Wenn es ein stammverwandtes Wort mit **a** gibt (z. B. **Zahl, zahlen**), wird **ä** geschrieben. **b)** Ob groß- oder kleingeschrieben wird, erkennst du durch Bestimmung der Wortart. Da das Wort eine typische Adjektivendung (Adjektivsuffix **-ig**) hat, wird es kleingeschrieben. **c)** Geht es um die Schreibung am Wortende, ist es oft hilfreich, wenn du das Wort **verlängerst**, z. B. unzählig → unzählige. Dann hörst du, welchen Buchstaben du schreiben musst.*

402 a)

☒ Dass	Influencer viel Geld	☐ dass	liegt auf der
☐ Das	verdienen können,	☒ das	Hand.

b) Bestimmung der Wortart mithilfe der Ersatzprobe

> ✏ *Hinweis: Die erste Form leitet einen Nebensatz ein (finite Verbform „können" steht am Ende) und lässt sich nicht durch „dieses" oder „welches" ersetzen. Es handelt sich also um die unterordnende Konjunktion „dass". Die zweite Form ist das Subjekt im Hauptsatz (finite Verbform „liegt" steht an zweiter Stelle). Es ist das Demonstrativpronomen „das", da ein Ersatz durch „dies" möglich ist.*

403

	wider-	wieder
a) Er möchte sie widersprechen / wieder sprechen.	☐	☒
b) Er möchte ihr widersprechen / wieder sprechen.	☒	☐

✏ **Hinweis:** „Wider-" wird geschrieben, wenn es im Sinne von „gegen" gebraucht wird. In der Bedeutung „noch einmal" wird „wieder" geschrieben. **a)** „Wieder sprechen" im Sinne von „noch einmal sprechen" steht mit einem Akkusativobjekt (Wen möchte er wieder sprechen? „sie"). **b)** „Widersprechen" im Sinne von „etwas dagegen sagen" verlangt ein Dativobjekt (Wem möchte er widersprechen? „ihr").

404

	Nummer der Regel
a) Die JUNGEN sind leicht beeinflussbar.	1
b) Die JUNGEN Stars sind Vorbilder.	4

✏ **Hinweis: a)** „Jungen" ist hier ein Nomen und wird großgeschrieben. Nomen erkennst du an typischen Nomenbegleitern wie Artikeln: „Die Jungen". **b)** Dass „jungen" hier ein Adjektiv ist und kleingeschrieben werden muss, erkennst du daran, dass es das Nomen „Stars" näher beschreibt. Der Artikel „die" bezieht sich hier auf „Stars", nicht auf „jungen": „Die jungen Stars".

5   Überarbeiten eines Textes

		Korrektur
501	Nur die weiblichen Mücken überleben den Winter an kühlen⟨,⟩feuchten und geschützten Stellen.	Z: *(Korrektur direkt im Satz)*
502	~~So bald~~ die Temperaturen wieder steigen, werden sie ins Freie gelockt.	R: So**b**ald
* 503	Von den Witterungsverhältnissen im Frühling hängt es ab, wie viele Mücken es im kommenden Sommer ~~gegeben hat~~.	G (Tempus): **geben wird**
504	Die blutsaugenden Insekten brauchen feuchte Brutplätze, um ihre Eier ~~abzu-legen zu können~~.	G (Satzbau): **abzulegen / ablegen zu können**
505	Sind ~~Überflutungsflechen~~ im Frühling zu trocken, werden sie in ihrer Vermehrung ausgebremst.	R: Überflutungsflächen
506	Allerdings können die abgelegten Eier dort Jahre überdauern, bis das ~~nähste~~ Hochwasser kommt.	R: nä**ch**ste
* 507	Die nach Deutschland eingewanderten Mückenarten fühlen sich in der Trocken-heit ~~megawohl~~.	A (Umgangssprache): **sehr / äußerst** wohl
* 508	Während einheimische Arten tiefe Wasserflächen für die Eiablage brauchen, reichen ~~die Exoten~~ kleine Gefäße mit geringem Wasserstand.	G (Kasus): **den** Exoten
509	Exotische Mückenarten sind so gefähr-lich⟨,⟩da sie schwere Tropenkrankheiten auf den Menschen übertragen können.	Z: *(Korrektur direkt im Satz)*
510	Diese Mückenarten können sich besser vermehren, ~~sodass~~ die Temperaturen steigen.	G (Konjunktion): **wenn**

✦ **Hinweis:**

501) Die gleichrangigen Adjektivattribute „kühlen" und „feuchten" müssen in der Aufzählung durch ein Komma getrennt werden.

502) Die Konjunktion „sobald" wird zusammengeschrieben.

503) Es ist von einem zukünftigen Ereignis die Rede („im kommenden Sommer"). Um ein nachzeitiges Zeitverhältnis auszudrücken, muss hier das Futur I stehen.

504) Das Wort „zu" darf in dem Infinitivsatz nur einmal vorkommen. Beide Lösungen sind möglich, aber nicht eine Mischung aus beiden.

505) Die richtige Schreibweise kann aus dem stammverwandten Wort „fl<u>a</u>ch" abgeleitet werden.

506) Die richtige Schreibweise kann aus dem stammverwandten Wort „na<u>ch</u>" abgeleitet werden.

507) Du musst das umgangssprachliche Wort „megawohl" mit einem Wort aus der Standardsprache ersetzen.

508) Das Verb „reichen" verlangt ein Objekt im Dativ, nicht im Akkusativ.

509) Da hier zwei finite Verben vorhanden sind („sind", „können"), muss es sich um zwei Sätze handeln: einen Hauptsatz und einen Nebensatz, der durch „da" eingeleitet wird. Diese müssen durch ein Komma getrennt werden.

510) Der Zusammenhang, der zwischen beiden Aussagen besteht, ist ein konditionaler: Das Steigen der Temperaturen ist die Bedingung („wenn") für die bessere Vermehrung und nicht die Folge („sodass").

6   Erstellen eines Schreibplans

*Hinweis: Das **Thema** und die damit verbundene **Problemfrage** sind dir vorgegeben. Lies dir erst einmal in Ruhe die beschriebene Situation und die gegebenen Argumente durch. Du kannst daraus diese wichtigen Infos entnehmen: a) Streaming-Dienste sind praktisch und preiswert. b) Das Streamen von Veranstaltungen macht weniger Spaß und schadet den Künstlern und Sportlern.*

*Im vorgegebenen Schreibplan stehen bereits die **zwei Positionen**, die ausgeführt werden sollen. Du kannst dich aber frei entscheiden, welche du als These und welche du als Gegenthese verwenden möchtest. Das heißt, du musst zunächst eine der vorgegebenen Thesen streichen und dann im zweiten Teil die andere.*

*Um dir das Finden von **Argumenten und Gegenargumenten** zu erleichtern, sind dir vier Meinungsäußerungen zum Thema schon vorgegeben. Diese musst du allerdings umformulieren und ausbauen, du kannst sie nicht einfach nur übernehmen:*

Sprechblase	Argument	Pro / Kontra
„Ich kann mir meinen Sport ansehen, wann immer ich es will."	Man ist zeitlich variabel, weil man die Veranstaltungen ansehen kann, wenn es in den eigenen Zeitplan passt.	Pro
„Eine Eintrittskarte kann ich mir nicht leisten."	Die Kosten für die Nutzung von Streaming-Diensten sind im Vergleich zu Eintrittspreisen gering.	Pro
„Meine Lieblingsband verdient nichts, wenn ich ihren Auftritt nur streame."	Künstler und Sportler sind finanziell darauf angewiesen, dass es auch ein direktes Publikum gibt.	Kontra
„Mit den Massen zu feiern macht viel mehr Spaß, als alleine zu Hause zu tanzen."	Ein direkter Veranstaltungsbesuch ist ein unvergleichliches Erlebnis.	Kontra

*Eine besondere Leistung wird von dir beim dritten Argument und Gegenargument verlangt, denn hier musst du dir selbst etwas ausdenken. Auch für die **Einleitung** und den **Schluss** musst du dir selbst etwas Passendes überlegen. Am Ende sollst du ein **Fazit** ziehen, also das Ergebnis deiner Ausführungen zusammenfassen, und eine **Empfehlung** zum Thema aussprechen.*

*Je gründlicher du bei der Erstellung des Schreibplans vorgehst und je besser du hier schon das Thema durchdenkst, umso leichter wird dir das anschließende Schreiben der Erörterung fallen. Du musst nur daran denken, dass die **Überleitungssätze** zwischen den einzelnen Abschnitten im Schreibplan nicht verankert sind und bei der Ausformulierung der Erörterung noch eingefügt werden müssen.*

***601** und **602)** Für die Einleitung ist dir zwar durch die Aufgabenstellung der Schreibanlass in groben Zügen vorgegeben. Du musst dir aber auch selbst noch etwas einfallen lassen, um die Leserinnen und Leser zum Thema „Streaming-Dienste" hinzuführen. Oft bietet sich zum Einstieg eine dieser Möglichkeiten an: ein aktuelles Ereignis, eine Definition, ein persönliches Erlebnis oder ein konkretes Beispiel.*

603–608) *Eine Erörterung sollte dem Sanduhrprinzip folgen. Dazu beginnst du zunächst mit der These, die nicht deiner persönlichen Meinung entspricht, und ordnest die drei zugehörigen Argumente vom stärksten zum schwächsten hin an. Zwei Argumente kannst du aus den gegebenen Meinungsäußerungen ableiten. Denke aber daran, dass du diese Äußerungen zu Argumenten ausformulieren musst. Etwas schwieriger ist das dritte Argument, denn das musst du allein entwickeln. Hier kommt es darauf an, dass du dich gut in das Thema „hineindenkst". Die Belege/Beispiele sollten das jeweilige Argument untermauern und den Inhalt des Arguments veranschaulichen.*

Um dann die andere Seite zu erörtern, ist ein kurzer Überleitungssatz wichtig. Oft reicht es schon aus, zu erwähnen, dass ein Thema/Problem immer zwei Seiten hat und diese erst einmal wertneutral betrachtet werden müssen. Deine Meinung sollte erst im Schlussteil eine Rolle spielen.

609–614) *Hier lässt du die These stehen, die deinem Standpunkt eher entspricht, also die, die du oben ausgestrichen hattest. Nun beginnt der zweite Teil der „Sanduhr", das heißt, du beginnst jetzt mit dem schwächsten Argument und steigerst die Aussageintensität zum letzten Argument hin. Auch hier kannst du zwei Argumente wieder aus den Meinungsäußerungen ableiten und musst das dritte Argument selbstständig finden. Nutze für die Belege und Beispiele dein Allgemeinwissen.*

615) *Im Schlussteil sollst du deine persönliche Meinung zum Thema formulieren. Auch wenn du hier gerne so schreiben möchtest, wie du in einer mündlichen Diskussion auf das Thema reagieren würdest, solltest du aufpassen, dass sich keine Umgangssprache einschleicht.*

616) *Im abschließenden Fazit kannst du noch einmal das, was du als wichtigste Erkenntnis empfindest, hervorheben.*

617) *Daraus ableitend soll eine Empfehlung ausgesprochen werden, die deinen Leserinnen und Lesern hilft, Stellung zum Thema „Streaming-Dienste" zu beziehen und evtl. ihr eigenes Handeln zu überdenken.*

Gliederungsraster:

		1. Einleitung
601	Schreibanlass	Streaming-Dienste in der Corona-Pandemie
602	Hinführung zum Thema	• Lockerungen nach der Pandemie • Technische Möglichkeiten
		2. Hauptteil
	These	Streaming-Dienste ersetzen den Besuch von Kultur- und Sportveranstaltungen. ~~Streaming-Dienste können den Besuch von Kultur- und Sportveranstaltungen nicht ersetzen.~~
603	1. Argument	Die Kosten für die Nutzung von Streaming-Diensten sind im Vergleich zu Eintrittspreisen gering.
604	Beleg/Beispiel	• Große Veranstaltungen sind sehr teuer. • Tickets sind begrenzt und schwer erhältlich.

605	2. Argument	Man ist zeitlich variabel, weil man die Veranstaltungen ansehen kann, wenn es in den eigenen Zeitplan passt.
606	Beleg/Beispiel	Veranstaltungen in anderen Zeitzonen sind jederzeit abrufbar.
* 607	3. Argument	Streaming-Dienste bieten den perfekten Blick auf das Geschehen.
* 608	Beleg/Beispiel	Abhängig vom Platz im Publikum und der Art der Veranstaltung bekommt man live nicht alles mit.
	Gegenthese	~~Streaming-Dienste ersetzen den Besuch von Kultur- und Sportveranstaltungen.~~ Streaming-Dienste können den Besuch von Kultur- und Sportveranstaltungen nicht ersetzen.
609	1. Argument	Ein direkter Veranstaltungsbesuch ist ein unvergleichliches Erlebnis.
610	Beleg/Beispiel	• Streaming von Veranstaltungen ist weniger einprägsam. • Das gemeinsame Erleben einer Veranstaltung ist ein wesentlicher Teil.
611	2. Argument	Künstler*innen und Sportler*innen sind finanziell darauf angewiesen, dass es auch ein direktes Publikum gibt.
612	Beleg/Beispiel	• Veranstaltungen vor Publikum sind wichtig für den Aufbau einer Fangemeinde. • Eine große Fangemeinde ist Voraussetzung für erfolgreiche Streaming-Veranstaltungen.
* 613	3. Argument	Schaden für die Veranstaltungsindustrie
* 614	Beleg/Beispiel	• Viele Menschen verlieren ihre Arbeitsplätze. • dauerhafter Schaden für Kultur und Sport
	3. Schluss	
615	persönliche Meinung	Streaming-Dienste haben Vor- und Nachteile • Streaming ist besser als keine Veranstaltungen. • Ein vollständiger Ersatz ist nicht möglich.
* 616	Fazit	Streaming-Dienste können den Besuch von Kultur- und Sportveranstaltungen teilweise ersetzen.
* 617	Empfehlung	Appell zum Erleben gemeinschaftlicher Aktivitäten

7   Umsetzung des Schreibplans: Verfassen einer Erörterung

✐ **Hinweis:** *Verfasse nun auf der Grundlage deines Schreibplans eine Erörterung. Achte unbedingt darauf, die Gliederung einzuhalten, denn dies fließt in die Bewertung deines Aufsatzes mit ein. Formuliere passende Überleitungen, um deine Argumente miteinander zu verknüpfen; auf keinen Fall solltest du sie einfach nur aneinanderreihen. Gestalte deinen Text übersichtlich und nimm dir am Schluss Zeit für einen Korrekturdurchgang, um Grammatik-, Rechtschreib- und Zeichensetzungsfehler zu berichten.*

Können Streaming-Dienste den Besuch von Kultur- und Sportveranstaltungen ersetzen?

Besonders durch die Corona-Pandemie haben Streaming-Dienste im letzten Jahr enorm an Bedeutung gewonnen. Man kann vom eigenen Wohnzimmer aus an Sportveranstaltungen und Konzerten auf der ganzen Welt teilnehmen.

Einleitung
Schreibanlass

Jetzt, wo einige Corona-Lockerungen beschlossen wurden und der Besuch von Veranstaltungen hoffentlich bald wieder ohne Beschränkungen möglich sein wird, stellt sich die Frage: Können Streaming-Dienste den Besuch von Kultur- und Sportveranstaltungen ersetzen? Noch vor wenigen Jahren wäre eine solche Diskussion undenkbar gewesen, aber die technische Entwicklung macht es möglich, dass wir eine Wahl haben: Streaming von zu Hause oder Veranstaltung vor Ort? Für diese Entscheidung soll deshalb in der folgenden Erörterung eine Diskussionsgrundlage geboten werden.

Hinführung zum Thema

Zunächst geht es darum, warum Streaming-Dienste ein guter Ersatz für den Besuch von Kultur- und Sportveranstaltungen sein können. Eintrittskarten für Konzerte und große Sportevents, wie die Fußball-EM oder ein Formel-1-Rennen, sind sehr teuer und für Jugendliche oft unerschwinglich. Für den Gegenwert mancher Konzerttickets können die Internetgebühren und die Kosten für Streaming-Dienste eines ganzen Jahres bezahlt werden. Dazu kommt, dass es Streaming-Dienste gibt, die gebührenfrei benutzbar sind. Auch ist es manchmal gar nicht möglich,

Hauptteil
These

1. Argument

Beleg/Beispiel

Eintrittskarten zu erhalten, da innerhalb weniger Minuten alles ausverkauft ist.

Ein weiterer positiver Aspekt von Streaming-Diensten ist die ständige Verfügbarkeit – ich kann Konzerte und Veranstaltungen ansehen, wann immer es in meinen Zeitplan passt. Viele Sportveranstaltungen werden in anderen Zeitzonen abgehalten. Für ein Formel-1-Rennen, das in Japan, Australien oder China stattfindet, muss ich nicht die Nacht zum Tag machen, sondern kann es zu jedem beliebigen Zeitpunkt anschauen.

2. Argument

Beleg/Beispiel

Zuletzt sollte man nicht vergessen, dass das Publikum einer gestreamten Kultur- oder Sportveranstaltung immer in der ersten Reihe sitzt und den perfekten Blick auf das Geschehen hat. Die Kameras sind immer so ausgerichtet, dass der Zuschauer oder die Zuschauerin alles gut sehen kann. Wenn ich aber bei einem Konzert sehr weit von der Bühne entfernt sitze, kann es passieren, dass ich meine Lieblingsband nur auf den Videoleinwänden erkennen kann oder mir die Sicht durch andere Zuschauer*innen versperrt wird. Bei einem Formel-1-Rennen rauschen die Fahrzeuge Runde für Runde an mir vorbei. Was auf den übrigen Streckenabschnitten passiert, erfahre ich ebenfalls nur auf Videoleinwänden.

3. Argument

Beleg/Beispiel

Streaming von Veranstaltungen bringt jedoch nicht nur Vorteile mit sich. Es lassen sich einige Argumente dafür anführen, dass Streaming-Dienste den Besuch von Kultur- und Sportveranstaltungen nicht ersetzen können.

Überleitung
Gegenthese

Es ist etwas ganz Einmaliges, ein Konzert oder eine Sportveranstaltung live zu erleben. Ein gemeinsames Konzerterlebnis, ein gemeinsamer Besuch von sportlichen Großveranstaltungen ist so besonders, weil man mit vielen Gleichgesinnten das Erlebnis teilt, miteinander feiert, tanzt und singt oder die eigene Mannschaft, den Lieblingssportler anfeuert. Diese einzigartige Atmosphäre kommt im heimischen Wohnzimmer nicht auf. Schon durch das Heraussuchen des Termins und des Veranstaltungsortes, den Kauf der Tickets, auf die man eventuell lange Zeit

1. Argument

Beleg/Beispiel

gespart hat, und die Vorfreude bekommt das Ereignis einen viel höheren Erinnerungswert, wie es die beste Übertragung von Streaming-Diensten niemals schaffen kann. Natürlich kann ich auch zu Hause bei meinen Lieblingssongs von Pink mitsingen, es ist aber etwas ganz anderes, dies gemeinsam mit einigen Tausend Fans im Olympiastadion tun. Auch der gemeinsame Nervenkitzel beim Anblick der akrobatischen Bühnenshow erzeugt ein Bauchkribbeln, das es nur gibt, wenn man live dabei ist.

Ein weiteres Argument ist die Tatsache, dass Künstler*innen finanziell auf Live-Konzerte angewiesen sind. Auch Sportler*innen können ihre Sponsorenverträge bei Live-Veranstaltungen deutlich besser erfüllen. Ein erfolgreiches Konzert vor Tausenden von Zuschauerinnen und Zuschauern verbessert das Image eines Künstlers, denn auch hier gilt: Der Erfolg hängt von der Größe des Publikums ab. Natürlich kennen wir sogenannte „Wohnzimmer-Konzerte", die manche Künstlerinnen und Künstler geben. Diese Sonderform von Konzerten ist jedoch erst dann möglich, wenn die Künstlerin oder der Künstler bereits einen gewissen Bekanntheitsgrad erreicht hat. Bekannt wird man aber nur, wenn man bereits viele erfolgreiche Konzerte vor Publikum gegeben hat und sich dadurch eine große Fangemeinde aufgebaut hat. So war die Pandemie der Todesstoß für manch ein Talent, das groß werden wollte. *2. Argument* *Beleg/Beispiel*

Schlussendlich darf man auch nicht außer Acht lassen, dass es nicht nur um die Personen geht, die im Rampenlicht stehen. Eine ganze Industrie von Technikern, Elektrikern, Bühnenbildnern und viele mehr sind finanziell darauf angewiesen, dass zukünftig wieder große Live-Veranstaltungen vor Publikum stattfinden. Die Corona-Pandemie hat die Veranstaltungsindustrie besonders hart getroffen und dazu geführt, dass viele Arbeitsplätze in dieser Branche verloren gegangen sind. Ohne eine Zukunftsperspektive für die Betroffenen muss man nicht nur damit rechnen, dass viele Menschen unverschuldet in Not geraten, sondern auch, dass Kunst-, Kultur- und Sport- *3. Argument* *Beleg/Beispiel* veranstaltungen, wie wir sie kennen, nicht mehr existieren werden.

Nun könnte man den Eindruck erhalten, dass ich Streaming-Dienste verdamme. Aber ich habe bei der Beschäftigung mit dem Thema und auch durch die Erfahrungen der letzten Monate die Vor- und Nachteile beider Seiten kennengelernt. So wurden pandemiebedingt viele Konzerte und Sportveranstaltungen vor Publikum abgesagt. Gerade in dieser Zeit war es großartig, dass man manche Events wenigstens streamen konnte.

Schluss
persönliche Meinung

So bin ich durchaus der Meinung, dass Streaming-Dienste in manchen Fällen einen direkten Veranstaltungsbesuch ersetzen können. Trotzdem werde ich immer versuchen, mir so unvergessliche Konzerterlebnisse wie das Pink-Konzert im Olympiastadion zu gönnen.

Fazit

Ich empfehle euch, offen für beide Seiten zu bleiben. Vor allem vereinsamt nicht im heimischen Wohnzimmer! Könnt ihr keine Konzertbesuche möglich machen, ladet euch Freunde ein, um ein gemeinsames Erlebnis zu schaffen. Denkt immer daran, dass ein gemeinsames Erlebnis, auch im kleinen Freundeskreis, Erinnerungen schafft. Der Mensch ist nun einmal ein Gesellschaftswesen.

Empfehlung

Bewertungstabelle:

Note	1	2	3	4	5	6
eBBR Punkte	≥ 84	83–72	71–59	58–45	44–23	22–0
MSA Punkte	120–112	111–100	99–88	87–72	71–36	35–0

Abschlussprüfung Deutsch 2022

Hinweis: Um fehlende Lernzeit aufgrund der Corona-Pandemie auszugleichen, wurden die Teile „Diskontinuierliche Texte" und „Überarbeiten eines Textes" im Jahr 2022 **nicht geprüft**. Die folgenden Original-Prüfungsaufgaben wurden in **Brandenburg** als FOR-/EBR-Prüfung und in **Berlin** als schriftliche Lernerfolgskontrollen mit zentralen Aufgaben (LEKzA) gestellt.

1   Wie wir 2037 leben werden

Hinweis: Aus lizenzrechtlichen Gründen ist der Abdruck des Prüfungstextes nicht möglich. Auf diesen Prüfungsteil entfielen 26 Punkte (Fundamentum: 17 Punkte, Additum: 9 Punkte).

2   Grüne Gurken

Literarischer Text „Grüne Gurken" – Aufgaben zum Textverständnis

201 „Ähm, ja. Als Kundin." (Z. 201)

Hinweis: Achte darauf, dass der Beleg aus Z. 196–207 stammt und richtig zitiert ist. Dazu gehört auch das Setzen von Anführungszeichen und das Nennen der genauen Textstelle. Das Geschlecht der Erzählfigur wird nur an dieser Stelle deutlich.

202 • Es gibt keine Blumenkästen (vgl. Z. 14 f.).
  • Es gibt jede Menge Müllcontainer (vgl. Z. 15).
  • Sie kann keinen Ersatzschlüssel ausgraben (vgl. Z. 12 f.).
  • Sie kann nicht zu Daniel fahren / laufen (vgl. Z. 10 f.).

Hinweis: Es genügt, <u>einen</u> Nachteil des Wohnorts aus Z. 1–18 zu nennen. Da kein Textbeleg verlangt ist, kannst du den Nachteil mit eigenen Worten ohne Zeilenangabe formulieren.

* 203 „Fast schon peinlich, wie versessen die beiden darauf sind, hier in Berlin direkt Anschluss zu finden." (Z. 24–26)

Hinweis: Es wird wieder ein Textbeleg verlangt, diesmal musst du ihn aber im ganzen Text suchen. Die Aufgabenstellung hilft dir mit der Formulierung, dass die Eltern der Ich-Erzählerin „zu Beginn der Handlung" mit neuen Kollegen unterwegs sind. Im Zitat muss die Einstellung der Erzählerin zum Verhalten der Eltern deutlich werden. Denke daran, das Zitat in Anführungszeichen zu setzen und die Zeilen anzugeben.

* 204 Damit ist gemeint, dass ...

die Familie gemeinsam kocht./jedes Familienmitglied seinen Teil zum gemeinsamen Kochen beiträgt./das gemeinsame Kochen Tradition in der Familie ist.

✒ **Hinweis:** *Wenn du dir nicht sicher bist, lies dir den Zusammenhang des zitierten Satzes noch einmal durch. Es reicht nicht, die einzelnen Tätigkeiten der Familie beim Kochen aufzuzählen.*

205 In ihrer Verwandtschaft sind alle hochbegabt, nur sie nicht.

✒ **Hinweis:** *Vgl. Z. 44–46. Formuliere die Antwort in eigenen Worten. Eine Zeilenangabe ist nicht gefordert.*

206 Die Ich-Erzählerin ...

		richtig	falsch
a)	verbringt in diesem Sommer ihren Urlaub in der Toskana.	☐	☒
b)	treibt gern Sport.	☐	☒
c)	hat an einem IQ-Test teilgenommen.	☒	☐
d)	spricht Esperanto.	☐	☒
e)	möchte eine Ausbildung im Einzelhandel beginnen.	☐	☒

✒ **Hinweis:** *a) Vgl. Z. 60–62. b) Vgl. Z. 94. c) Vgl. Z. 46–48. d) Vgl. Z. 80 f. e) Über den Ausbildungswunsch der Ich-Erzählerin macht der Text keine Angaben.*

* 207 a) Das Hobby der Ich-Erzählerin ist das Zeichnen von Grafiken und das Entwerfen von Diagrammen und Graphen.

b) Damit stellt sie Privates und Persönliches dar.

c) Es geht schneller und macht ihr mehr Spaß. Außerdem kann nicht viel dabei schiefgehen.

✒ **Hinweis:** *Die eher ungewöhnliche Freizeitbeschäftigung der Ich-Erzählerin beschreibt sie in Z. 105–114. a) Vgl. Z. 105–109. b) Vgl. Z. 111 f. c) Vgl. Z. 109–111 und 112–114.*

208 • Sie hat den Verdacht, dass dort Drogen oder Schlimmeres verkauft werden (vgl. Z. 125 f.).

• Sie ist nervös/angespannt (vgl. Z. 119–121).

• Sie versucht, nicht aufzufallen (vgl. Z. 131 f.).

✒ **Hinweis:** *Wenn du dir nicht sicher bist, lies dir den Zusammenhang des zitierten Satzes noch einmal durch. Nur eine der drei Antwortmöglichkeiten ist nötig, um den Punkt zu erhalten. Formuliere die Antwort in eigenen Worten. Eine Zeilenangabe ist nicht gefordert.*

209 a) Sie erwartet eine negative Reaktion.

b) Er reagiert gar nicht darauf, da er mit seinem Handy beschäftigt ist.

✒ **Hinweis: a)** *Vgl. Z. 139–143.* **b)** *Vgl. Z. 143–146. Das Fluchen des Verkäufers (Z. 152 f., 166) ist keine richtige Antwort, da es keine Reaktion auf das Missgeschick der Ich-Erzählerin ist, sondern eine Reaktion darauf, was er auf seinem Handy liest.*

210 a) Er kann jetzt den Laden verlassen, weil er die Ich-Erzählerin als Ersatz für sich bestimmt.

b) Sie muss den Kiosk übernehmen.

✒ **Hinweis:** *Vgl. Z. 185 f., 199–205, 244–251.*

211

Aspekte	zutreffend	nicht zutreffend
a) Bargeldkontrolle	☒	☐
b) Hygieneverordnung	☐	☒
c) Schließzeitenregelung	☒	☐
d) Diebstahlprävention	☒	☐

✒ **Hinweis:** *Wenn du nicht alle Aspekte verstehst, schlage die Wörter im Wörterbuch nach.* **a)** *Vgl. Z. 206–209.* **b)** *Dazu nennt der Verkäufer keine Regel.* **c)** *Vgl. Z. 226–229.* **d)** *Vgl. Z. 214–216.*

*212

	richtig	falsch
a) Das Erzählverhalten ist auktorial.	☐	☒
b) Der Erzähler kommentiert das Geschehen.	☒	☐
c) Das Erzähltempus ist das Präteritum.	☐	☒

✒ **Hinweis: a)** *Das Erzählverhalten kann auktorial, personal oder neutral sein. Ein auktorialer Erzähler weiß alles und hat den Überblick über das Geschehen. Da die Ich-Erzählerin im Text nur ihre eigenen Gefühle und Gedanken kennt, ist das Erzählverhalten personal.* **b)** *Die Ich-Erzählerin kommentiert z. B. das Verhalten des Verkäufers im Kiosk und die Lebenssituation in Berlin, indem sie begründet, warum es keinen Zweitschlüssel im Blumenkasten gibt.* **c)** *Das Erzähltempus ist das Präsens (Gegenwart).*

Aufgaben zum Sprachwissen und zur Sprachbewusstheit (Text 2)

251 Der Verkäufer <u>verhält sich nicht normal.</u>/<u>macht etwas Unverständliches.</u>/<u>ist verrückt.</u>

✦ **Hinweis:** Im Ausgangssatz entspricht die Formulierung „einen an der Waffel haben" nicht der Standardsprache. Die Autorin betont dadurch, dass die Ich-Erzählerin jugendlich ist. Achte darauf, dass dein umformulierter Satz keine umgangs- oder jugendsprachlichen Ausdrücke enthält.

* 252

	Indikativ	Imperativ	Konjunktiv I	Konjunktiv II
a) In Hessen hätte ich jetzt andere Möglichkeiten.	☐	☐	☐	☒
b) Er löst den ganzen Tag mathematische Probleme.	☒	☐	☐	☐

✦ **Hinweis:** Der Indikativ ist die Wirklichkeitsform, der Imperativ die Befehlsform und der Konjunktiv die Möglichkeitsform des Verbs. Wenn du dir unsicher bist, findest du eine Beschreibung der Modi im Grammatikteil deines Wörterbuchs. **a)** Die Aussage dieses Satzes entspricht nicht der Realität, sondern ist nur eine Vorstellung (Konjunktiv): Die Erzählerin befindet sich nicht in Hessen und deshalb stehen ihr bestimmte Möglichkeiten nicht zur Verfügung. Der Konjunktiv I wird aus dem Präsensstamm des Verbs gebildet („ich habe"), der Konjunktiv II aus dem Präteritumstamm des Verbs („ich hatte" – „ich hätte"). **b)** Dieser Satz gibt die Wirklichkeit wieder, also handelt es sich um den Indikativ.

253

	Gleichzeitigkeit	Vor- bzw. Nach-zeitigkeit
a) Er zieht die Augenbrauen zusammen und beginnt dann zu lächeln.	☐	☒
b) Ich sehe, wie er mit großen Schritten auf mich zukommt.	☒	☐

✦ **Hinweis: a)** Das Adverb „dann" signalisiert, dass die zweite Handlung nach der ersten stattfindet (Nachzeitigkeit). **b)** Beide Handlungen erfolgen zur gleichen Zeit (Gleichzeitigkeit).

254 geformt wie ein Herz/wie ein Herz aussehend

✦ **Hinweis:** Das zusammengesetzte Adjektiv „herzförmig" enthält einen verkürzten Vergleich. Um den Vergleich auszuformulieren, musst du hier das Vergleichswort „wie" benutzen.

* 255

	Nummer
a) Ich könnte zu Daniel fahren. Ich könnte zu Daniel laufen.	**4** (Anapher)
b) Und anders als beim Sport kann dabei nichts schiefgehen.	**3** (Vergleich)

✎ **Hinweis: a)** *Eine Anapher ist die Wiederholung des gleichen Satzanfangs in aufeinander-folgenden Sätzen („Ich könnte …"). **b)** Du erkennst den Vergleich hier am Vergleichswort „als".*
Eine Ellipse (Auslassung von Satzteilen) und eine Metapher (bildhafter Ausdruck) kommen in den Sätzen nicht vor. Wenn du nicht alle sprachlichen Mittel kennst, kannst du sie in deinem Wörterbuch nachschlagen.

256 Ob ich Erfahrungen im Einzelhandel habe/hätte, will er von mir wissen.

✎ **Hinweis:** *Achte beim Übertragen von direkter in indirekte Rede darauf, die Anführungs-zeichen zu entfernen, die Pronomen anzupassen und das Prädikat in den Konjunktiv zu setzen. Indirekte Entscheidungsfragen werden mit der Konjunktion „ob" eingeleitet. Da die Form des Konjunktivs I mit dem Indikativ „habe" identisch ist, kannst du stattdessen den Konjunktiv II „hätte" verwenden. Der Redebegleitsatz kann auch am Anfang stehen: „Er will von mir wissen, ob ich Erfahrungen im Einzelhandel habe/hätte."*

* 257 Da/Weil ich wahnsinnigen Hunger habe, knurrt mein Magen.

✎ **Hinweis:** *Um aus der Satzreihe ein Satzgefüge zu machen, musst du einen der beiden Hauptsätze in einen Nebensatz umformen. Den kausalen Zusammenhang (Begründung) erreichst du durch die Konjunktionen „weil" oder „da". Die Reihenfolge der Teilsätze kann auch vertauscht werden: „Mein Magen knurrt, weil/da ich wahnsinnigen Hunger habe."*

3 Richtig schreiben

301

a) ss oder ß?		
massen-tauglich	1. Ich verlängere das Wort.	☐
	2. Ich zerlege das Wort in seine Silben.	☒
	3. Ich suche ein Wort aus der Wortfamilie.	☐

b) g oder ch?		
massen-tauglich	1. Ich verlängere das Wort.	☒
	2. Ich setze vor das Wort einen Artikel.	☐
	3. Ich suche ein Wort aus der Wortfamilie.	☐

✎ **Hinweis: a)** *Wenn du das Wort **in seine Silben zerlegst**, dann hörst du sowohl am Ende der ersten Silbe als auch am Anfang der zweiten Silbe ein „s": mas-sen-taug-lich. Natürlich hilft auch das Wissen um lange und kurze Vokale vor „ß" oder „ss", um das Wort richtig zu schreiben. Ein anderes Wort aus der Wortfamilie musst du auch erst in seine Silben zerlegen, damit es dir weiterhilft. Das Verlängern ist nur hilfreich, um die richtige Schreibung am Wortende herauszufinden. **b)** Geht es um die Schreibung am Wortende, ist es oft hilfreich, wenn du das Wort **verlängerst**, z. B. „massentauglich" → „massentaugliche" (und nicht „massentauglige"). Dann hörst du, welchen Buchstaben du schreiben musst. Ein Wort aus der Wortfamilie hilft hier nicht weiter, da die fragliche Stelle die Adjektivendung betrifft. Ein Artikel ist nur hilfreich, wenn du dich zwischen Groß- und Kleinschreibung entscheiden musst.*

302

	Nummer der Regel
a) Das <u>STEUERN</u> des Trucks ist schwierig.	2
b) Sie kann den Truck sicher <u>STEUERN</u>.	4
c) Das Einkommen wird durch <u>STEUERN</u> gemindert.	1

✎ **Hinweis: a)** *Das Verb „steuern" im Sinne von „lenken, leiten, führen" wurde hier nominalisiert. Nominalisierte Verben werden großgeschrieben. Du erkennst sie an typischen Nomenbegleitern wie Artikeln: „Das Steuern". **b)** Es handelt sich wieder um das Verb „steuern". Es bildet zusammen mit dem Modalverb „kann" das Prädikat und wird kleingeschrieben: „Sie kann steuern". **c)** Hier liegt ein anderes Wort vor, nämlich das Nomen „Steuer" im Sinne von „Abgabe an den Staat". Nomen erkennst du an typischen Nomenbegleitern wie Artikeln oder Präpositionen: „Durch (die) Steuern".*

303

		Getrennt-schreibung	Zusammen-schreibung
a)	Sie darf den Kiosk nicht <u>zu machen</u> / <u>zumachen</u>.	☐	**☒**
b)	Er muss seinen Schlüssel <u>wieder holen</u> / <u>wiederholen</u>.	**☒**	☐
c)	Es ist <u>zu sehen</u> / <u>zusehen</u>, wie sich die Trucks durch die Straßen schieben.	**☒**	☐

✎ **Hinweis: a)** Es handelt sich um das zusammengesetzte Verb „zumachen" im Sinne von „schließen, verriegeln". Verben mit Präfix (Vorsilbe) werden zusammengeschrieben. **b)** Hier muss getrennt geschrieben werden, denn es ist „wieder holen" im Sinne von „erneut holen" gemeint. **c)** Hier wird getrennt geschrieben, weil es sich um einen Infinitiv mit „zu" handelt.

304

		Suffix
Beispiel: Erlebnisse		*-nis-*
a)	Rechnungen	**-ung-**
b)	schmutziger	**-ig-**

✎ **Hinweis:** Ein Suffix ist eine Nachsilbe, die an den Wortstamm angehängt wird. **a)** Das Wort „Rechnungen" besteht aus dem Wortstamm „rechnen", dem Suffix „-ung" und der Pluralendung „-en". Das Wort wird großgeschrieben, weil mit dem Suffix „-ung" Nomen gebildet werden (z. B. „Einladung", „Bedeutung"). **b)** Das Wort „schmutziger" kannst du in den Wortstamm „Schmutz", das Suffix „-ig" und die Endung des Komparativs „-er" zerlegen. Das Wort wird kleingeschrieben, weil mit dem Suffix „-ig" Adjektive gebildet werden (z. B. „lustig", „saftig").
Wenn du „-ungen" oder „-iger" notiert hast, bekommst du dafür keinen Punkt.

4 Erstellen eines Schreibplans

✏ **Hinweis:** Das **Thema** und die damit verbundene **Problemfrage** sind dir vorgegeben. Lies dir erst einmal in Ruhe die beschriebene Situation und die gegebenen Meinungen durch. Du kannst daraus diese wichtigen Infos entnehmen: a) Ein soziales Praktikum kann eine persönliche Bereicherung sein und den eigenen Horizont erweitern. b) Ein soziales Praktikum verbraucht Zeit, die für die Prüfungsvorbereitung genutzt werden könnte, und manche Schülerinnen und Schüler haben Berührungsängste mit Alten und Kranken.

Im vorgegebenen Schreibplan stehen bereits die **zwei Positionen**, die ausgeführt werden sollen. Du kannst dich aber frei entscheiden, welche du als These und welche du als Gegenthese verwenden möchtest. Das heißt, du musst zunächst eine der vorgegebenen Thesen streichen und dann im zweiten Teil die andere.

Um dir das Finden von **Argumenten und Gegenargumenten** zu erleichtern, sind dir vier Meinungsäußerungen zum Thema schon vorgegeben. Diese musst du allerdings umformulieren und ausbauen, du kannst sie nicht einfach nur übernehmen.

Eine besondere Leistung wird von dir beim dritten Argument und Gegenargument verlangt, denn hier musst du dir selbst etwas ausdenken. Auch für die **Einleitung** und den **Schluss** musst du dir selbst etwas Passendes überlegen. Am Ende sollst du ein **Fazit** ziehen, also das Ergebnis deiner Ausführungen zusammenfassen, und eine **Empfehlung** zum Thema aussprechen.

Je gründlicher du bei der Erstellung des Schreibplans vorgehst und je besser du hier schon das Thema durchdenkst, umso leichter wird dir das anschließende Schreiben der Erörterung fallen. Vergiss bei der Ausformulierung nicht, zwischen den einzelnen Abschnitten **Überleitungssätze** einzufügen.

401 und **402)** Für die Einleitung ist dir zwar durch die Aufgabenstellung der Schreibanlass in groben Zügen vorgegeben. Du musst dir aber auch selbst noch etwas einfallen lassen, um die Leserinnen und Leser zum Thema „soziales Praktikum" hinzuführen. Oft bietet sich zum Einstieg eine dieser Möglichkeiten an: ein aktuelles Ereignis, eine Definition, ein persönliches Erlebnis oder ein konkretes Beispiel.

403–408) Eine Erörterung sollte dem Sanduhrprinzip folgen. Dazu beginnst du zunächst mit der These, die nicht deiner persönlichen Meinung entspricht, und ordnest die drei zugehörigen Argumente vom stärksten zum schwächsten hin an. Zwei Argumente kannst du aus den gegebenen Meinungsäußerungen ableiten. Denke aber daran, dass du diese Äußerungen zu Argumenten ausformulieren musst. Etwas schwieriger ist das dritte Argument, denn das musst du allein entwickeln. Hier kommt es darauf an, dass du dich gut in das Thema „hineindenkst". Die Belege/Beispiele sollten das jeweilige Argument untermauern und den Inhalt des Arguments veranschaulichen.

Um dann die andere Seite zu erörtern, ist ein kurzer Überleitungssatz wichtig. Oft reicht es schon aus, zu erwähnen, dass ein Thema/Problem immer zwei Seiten hat und diese erst einmal wertneutral betrachtet werden müssen. Deine Meinung sollte erst im Schlussteil eine Rolle spielen.

409–414) Hier lässt du die These stehen, die deinem Standpunkt eher entspricht, also die, die du oben ausgestrichen hast. Nun beginnt der zweite Teil der „Sanduhr", das heißt, du beginnst jetzt mit dem schwächsten Argument und steigerst die Aussageintensität zum letzten Argument hin. Auch hier kannst du zwei Argumente wieder aus den Meinungsäußerungen ableiten und musst *das dritte Argument selbstständig finden. Nutze für die Belege und Beispiele dein Allgemein-wissen.*

415) *Im Schlussteil ziehst du ein abschließendes Fazit. Hebe besonders hervor, was du als die wichtigste Erkenntnis empfindest.*

416) *Danach sollst du deine persönliche Meinung zum Thema formulieren. Auch wenn du hier gerne so schreiben möchtest, wie du in einer mündlichen Diskussion auf das Thema reagieren wür-dest, solltest du aufpassen, dass sich keine Umgangssprache einschleicht.*

417) *Daraus ableitend soll eine Empfehlung ausgesprochen werden, die deinen Leserinnen und Lesern hilft, Stellung zum Thema „soziales Praktikum" zu beziehen.*

Gliederungsraster:

		1. Einleitung
401	Schreibanlass	Frage nach sozialem Engagement in einem zukünfti-gen Bewerbungsgespräch
402	Hinführung zum Thema	Schulkonferenz zur Einführung eines sozialen Prakti-kums im 10. Jahrgang
		2. Hauptteil
	These	Alle Schülerinnen und Schüler sollen ein soziales Praktikum absolvieren. ~~Ein soziales Praktikum soll niemandem aufgezwungen werden.~~
403	1. Argument	Viele Schülerinnen und Schüler brauchen einen Anstoß von außen, um sich sozial zu engagieren.
404	Beleg/Beispiel	• Wenige Schülerinnen und Schüler engagieren sich freiwillig sozial. • Das Eigeninteresse überwiegt bei der Auswahl von Praktika.
405	2. Argument	Ein soziales Praktikum ist erfüllend und bereichert die Persönlichkeit.
406	Beleg/Beispiel	• Eine Mitschülerin berichtet von positiven Erfahrungen bei der Arbeit im Seniorenheim.
* 407	3. Argument	Ein soziales Praktikum kann neue Berufswünsche wecken und einen Einstieg in eine unerwartete Berufsperspektive bieten.
* 408	Beleg/Beispiel	• Ein Kinderkrankenpfleger fand seine Berufung durch ein Praktikum in einem Krankenhaus.

	Gegenthese	~~Alle Schülerinnen und Schüler sollen ein soziales Praktikum absolvieren.~~ Ein soziales Praktikum soll niemandem aufgezwungen werden.
409	1. Argument	Viele Schülerinnen und Schüler haben Berührungsängste mit Alten und Kranken.
410	Beleg/Beispiel	• Besonders diejenigen, die wenig Kontakt zu ihren Großeltern haben, sind vom Kontakt mit älteren Menschen abgeschreckt.
411	2. Argument	Ein soziales Praktikum kostet Zeit, die bei der Vorbereitung der Abschlussprüfung fehlt.
412	Beleg/Beispiel	• Die Schülerinnen und Schüler wollen ihre Energie auf den Schulabschluss konzentrieren, ohne von einem sozialen Praktikum abgelenkt zu werden.
* 413	3. Argument	Ein soziales Praktikum, zu dem Schülerinnen und Schüler gegen ihren Willen gezwungen werden, widerspricht dem sozialen Gedanken.
* 414	Beleg/Beispiel	• Einzelgänger*innen werden in eine Rolle gezwungen, die sie nie freiwillig einnehmen würden.
	3. Schluss	
* 415	Fazit	• viele positive Aspekte eines sozialen Praktikums • Die kontroverse Diskussion spricht gegen die Einführung eines Pflichtpraktikums.
416	persönliche Meinung	Ein soziales Praktikum im 10. Jahrgang ist eine gute Idee, sollte aber nicht verpflichtend sein.
* 417	Empfehlung	Alle Schülerinnen und Schüler sollten umfassend über die Vorteile eines sozialen Praktikums informiert werden, aber keine Nachteile haben, wenn sie sich dagegen entscheiden.

5 Umsetzung des Schreibplans: Verfassen einer Erörterung

✦ *Hinweis: Verfasse nun auf der Grundlage deines Schreibplans eine Erörterung. Achte unbedingt darauf, die Gliederung einzuhalten, denn dies fließt in die Bewertung deines Aufsatzes mit ein. Formuliere passende Überleitungen, um deine Argumente miteinander zu verknüpfen; auf keinen Fall solltest du sie einfach nur aneinanderreihen. Gestalte deinen Text übersichtlich und nimm dir am Schluss Zeit für einen Korrekturdurchgang, um Grammatik-, Rechtschreib- und Zeichensetzungsfehler zu berichtigen.*

Soll an Ihrer Schule ein soziales Praktikum eingeführt werden?

„Hast du dich sozial engagiert oder bist du nur auf dein eigenes Weiterkommen orientiert?" Was würden wir darauf antworten, wenn diese Frage in einem Bewerbungsgespräch gestellt wird? Die wenigsten von uns könnten da Entsprechendes nachweisen. Deshalb gibt es Diskussionen in unserer Schule und eine Beschlussvorlage für die Schulkonferenz, die ein soziales Praktikum im 10. Jahrgang ermöglichen soll. Da auch in unserer Schule dieses Vorhaben kontrovers diskutiert wurde, möchte ich mich hier mit den verschiedenen Standpunkten und Argumenten auseinandersetzen.

Einleitung
Schreibanlass

Hinführung zum Thema

Die Befürworter*innen des Praktikums sind der Ansicht, dass alle Schülerinnen und Schüler ein soziales Praktikum absolvieren sollten. Dabei ist ein Hauptargument, dass viele von uns sich aus eigenem Antrieb nicht zu einem sozialen Praktikum verpflichten würden. Obwohl es das Freiwillige Soziale Jahr schon länger gibt, kommen nur wenige Schülerinnen und Schüler des 10. Jahrgangs auf die Idee, sich freiwillig sozial zu engagieren. Diskussionen über Praktika in den Lerngruppen haben gezeigt, dass es für viele wichtiger ist, für welchen Beruf sie sich interessieren und was man in dem jeweiligen Praktikum verdient. Dabei kommt der soziale Gedanke meist zu kurz. Gerade die Pandemiezeit hat aber gezeigt, wie wichtig soziales Engagement ist. Durch ein verpflichtendes Praktikum könnten sich alle auf diesem Gebiet ausprobieren und ihren Horizont erweitern.

Hauptteil
These

1. Argument

Beleg/Beispiel

Viele von uns können sich nicht vorstellen, dass sie die *2. Argument*
Fähigkeiten besitzen, sich sozial zu engagieren, hoffen aber,
dass so ein Praktikum ganz neue Erfahrungen mit sich
bringt und auch Talente aufdeckt, von denen man bis da-
hin gar nichts wusste. Eine Mitschülerin berichtet von *Beleg/Beispiel*
ihrer Schwester Fatma, die bei einem Praktikum in einem
Seniorenheim nur Positives erfahren hat. So konnte sie
sich vorher nicht vorstellen, den ganzen Tag Umgang mit
alten und auch kranken Menschen zu haben, und sie fürchtete, den Anforderungen nicht zu genügen. Dann war alles
ganz einfach, die Arbeit machte ihr Spaß und sie ging jeden
Tag mit dem Gefühl nach Hause, etwas Sinnvolles getan zu
haben. Aber nicht nur das war sehr positiv: Sie erfuhr viel
über die Menschen, die ihr aus ihrem Leben zu erzählen
hatten, und sie erfuhr auch sehr viel Dankbarkeit, wenn sie
sich Zeit nahm und zuhörte. Und ganz nebenbei entstand
so bei Fatma ein ganz neuer Berufswunsch.

Das führt mich zum nächsten Argument für ein soziales *3. Argument*
Praktikum: Neben dem überwältigenden Gefühl, etwas für
andere Menschen zu tun, eröffnen sich durch ein solches
Praktikum auch ganz neue Perspektiven bezüglich der
Berufswahl. Auch hierfür gibt es ein nachahmenswertes *Beleg/Beispiel*
Beispiel. Paul hat sich selbst nie viel zugetraut, schon gar
nicht, dass er in der Lage sei, anderen Menschen wirklich
zu helfen. Bei einem Praktikum arbeitete er in einem Kran-
kenhaus. Dort lernte er viel über den Beruf des Kranken-
pflegers und noch viel mehr über sich. Es machte ihm
nichts aus, Blut zu sehen oder einen kleinen weinenden
Jungen zu trösten, der Angst vor einer Operation hatte.
Heute ist Paul Pfleger in einem Kinderkrankenhaus. Er er-
füllt seine Aufgaben mit Freude und Hingabe, auch wenn
er manchmal am Ende seiner Kräfte ist. Er würde sich
immer wieder für diesen Beruf entscheiden, den er nur
durch ein Praktikum für sich gefunden hat.

Auch wenn das alles sehr positiv klingt, darf ich hier auch *Überleitung*
nicht die Schülerinnen und Schüler vergessen, die einen *Gegenthese*
anderen Standpunkt vertreten. Sie sind der Meinung, ein

soziales Praktikum dürfe niemandem aufgezwungen werden. Hier sind die Argumente manchmal nicht gleich nachvollziehbar, müssen aber ernst genommen werden.

So wollen die Gegner eines sozialen Praktikums ihre Zeit nicht mit alten und kranken Menschen verbringen. Oft sind das die Schüler*innen, die wenig Kontakt zu ihren Großeltern haben, die hier eher Ängste zeigen und auch der Entgegnung, dass soziales Engagement nicht nur mit Alten und Kranken verbunden sein muss, wenig Verständnis entgegenbringen. *1. Argument* · *Beleg/Beispiel*

Ein weiteres Argument ist auch, dass ein solches Praktikum nicht dabei hilft, den Schulabschluss zu schaffen. Im Gegenteil verbraucht es kostbare Zeit, die für die Vorbereitung auf die Abschlussprüfung genutzt werden könnte. Ein Beispiel aus der Diskussionsrunde ist Isabell. Sie konzentriert sich auf ihren Schulabschluss und tut alles dafür, nimmt sogar Nachhilfe in Anspruch. Isabell vertritt den Standpunkt, dass ein Praktikum sie nur ablenken und dadurch ihren Abschluss gefährden würde. *2. Argument* · *Beleg/Beispiel*

Ein letztes, aber sehr wichtiges Argument ist, dass ein soziales Praktikum freiwillig sein muss und niemand dazu gezwungen werden sollte, ein Praktikum zu absolvieren. Jemanden zu einem Praktikum zu zwingen, der sich nicht dazu in der Lage fühlt, widerspricht dem sozialen Gedanken eines Praktikums. Hier will ich stellvertretend Elli nennen. Elli ist eine Einzelgängerin, die sich auch in der Schule eher abseits hält, weil es ihr schwerfällt, auf andere zuzugehen. Elli befürchtet nun, dass sie bei einem sozialen Praktikum Dinge tun müsste, die sie freiwillig nie tun würde. *3. Argument* · *Beleg/Beispiel*

All diese Argumente muss man beachten, wenn die Entscheidung über ein soziales Praktikum im 10. Jahrgang gefällt wird. Natürlich könnte man sagen, dass man manche Menschen zu ihrem Glück zwingen muss, da die positiven Aspekte für ein solches Praktikum überwiegen. Andererseits sollte der Gedanke der Freiwilligkeit unbedingt Beachtung finden. Die kontroverse Diskussion der Schülerin- ***Schluss*** · *Fazit* nen und Schüler, die in den Pausen weitergeführt wurde, bestätigt die Brisanz des Themas, aber auch die Wichtigkeit. Die unterschiedlichen Standpunkte zeigen aber auch, dass ein soziales Praktikum nicht einfach von oben angeordnet werden sollte.

Ich persönlich bin unbedingt dafür, ein soziales Praktikum zu absolvieren, da für mich die positiven Aspekte überwiegen. Trotzdem unterstütze ich den Gedanken, dass ein soziales Praktikum freiwillig sein muss. *persönliche Meinung*

Deshalb empfehle ich, dieses Vorhaben gründlich vorzubereiten. Besonders die pädagogischen Fachkräfte an der Schule können aus ihrem Berufsleben erzählen und den Unentschlossenen auch die Vielfalt der Möglichkeiten für ein soziales Praktikum aufzeigen, schließlich geht es nicht nur um Alte und Kranke. Die Vorteile eines Praktikums müssen allen deutlich gemacht werden, aber niemand darf gezwungen werden. *Empfehlung*

Diejenigen, die sich nicht entschließen können, ein solches Praktikum zu absolvieren, sollten andere Beschäftigungsmöglichkeiten erhalten. Doch was sagen diese Schülerinnen und Schüler dann bei ihrem Bewerbungsgespräch?

Bewertungstabelle:

Note	1	2	3	4	5	6
eBBR Punkte	≥ 70	69–60	59–49	48–38	37–19	18–0
MSA Punkte	100–94	93–84	83–74	73–60	59–30	29–0

Abschlussprüfung Deutsch 2023

Um dir die **Lösungen zur Prüfung 2023** schnellstmöglich zur Verfügung stellen zu können, bringen wir sie in digitaler Form heraus.

Sobald die Original-Prüfungsaufgaben 2023 freigegeben sind, können die dazugehörigen Lösungen als PDF auf der Plattform **MyStark** heruntergeladen werden (Zugangscode vgl. Umschlaginnenseite).

Aktuelle Prüfung

www.stark-verlag.de/mystark